الحروف الأبجدية - L´ALPHABET

Cahier d'écriture

Nom:

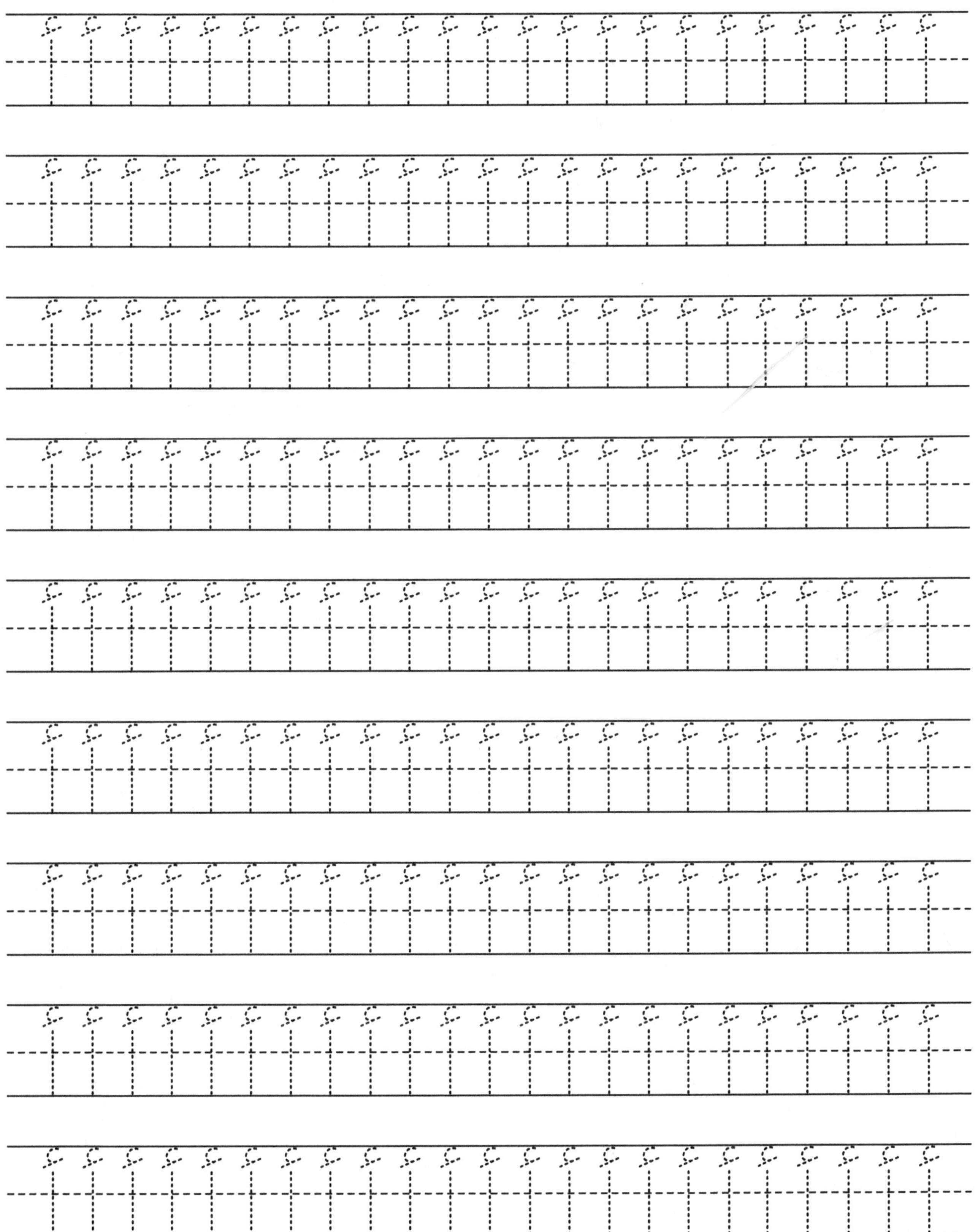

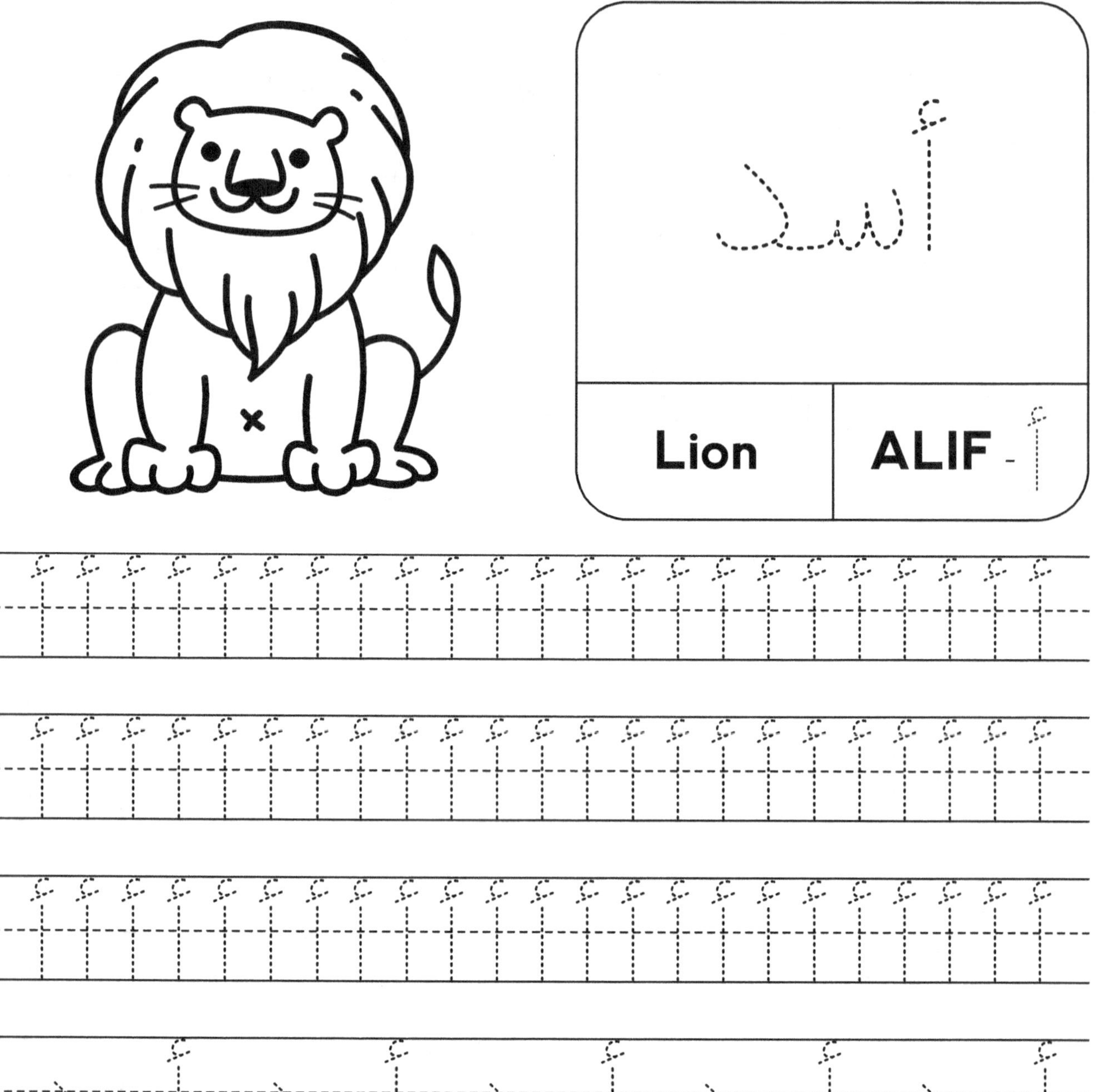
أسد
Lion
ALIF - أ

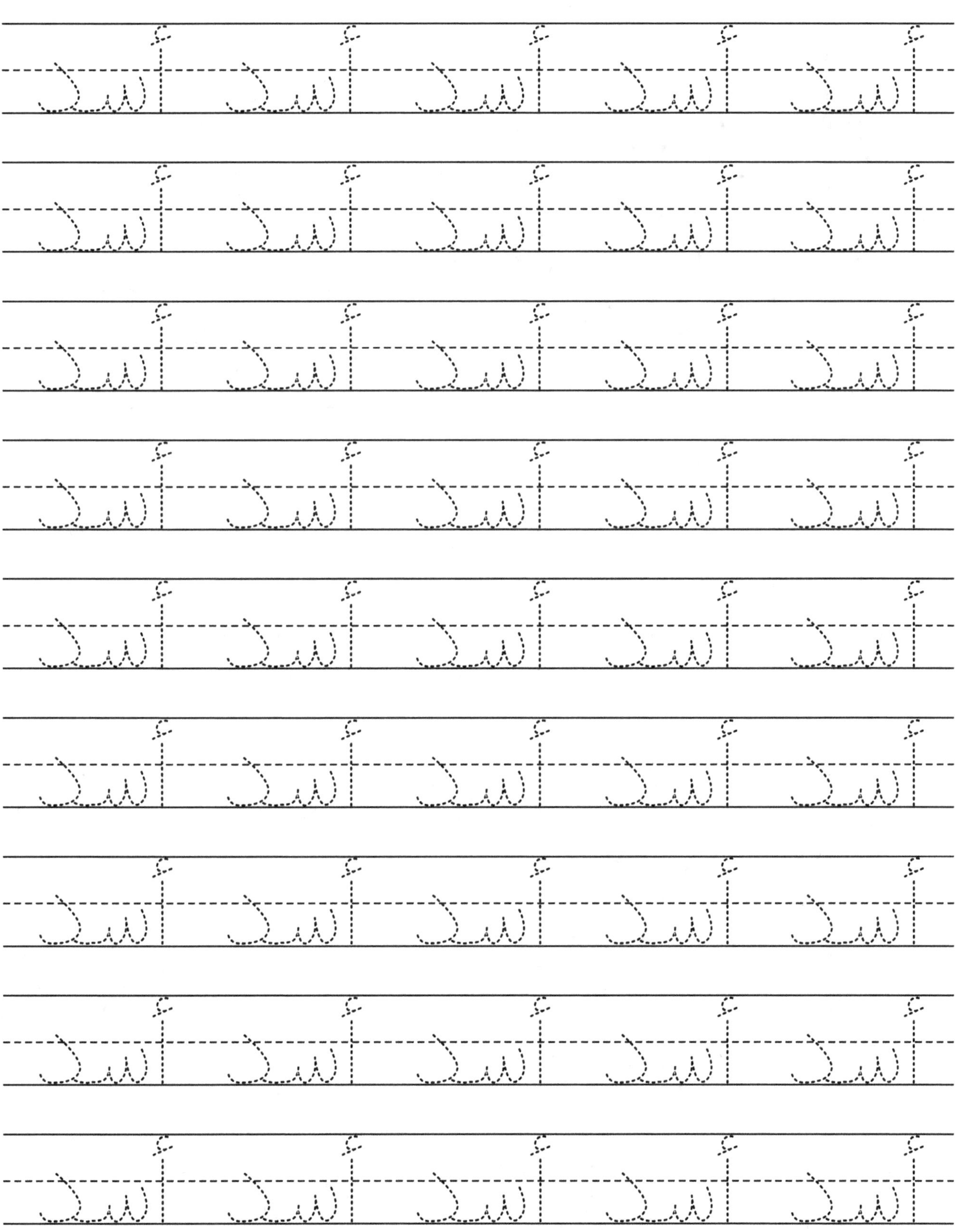
أسد أسد أسد أسد أسد
أسد أسد أسد أسد أسد
أسد أسد أسد أسد أسد
أسد أسد أسد أسد أسد
أسد أسد أسد أسد أسد
أسد أسد أسد أسد أسد
أسد أسد أسد أسد أسد
أسد أسد أسد أسد أسد
أسد أسد أسد أسد أسد

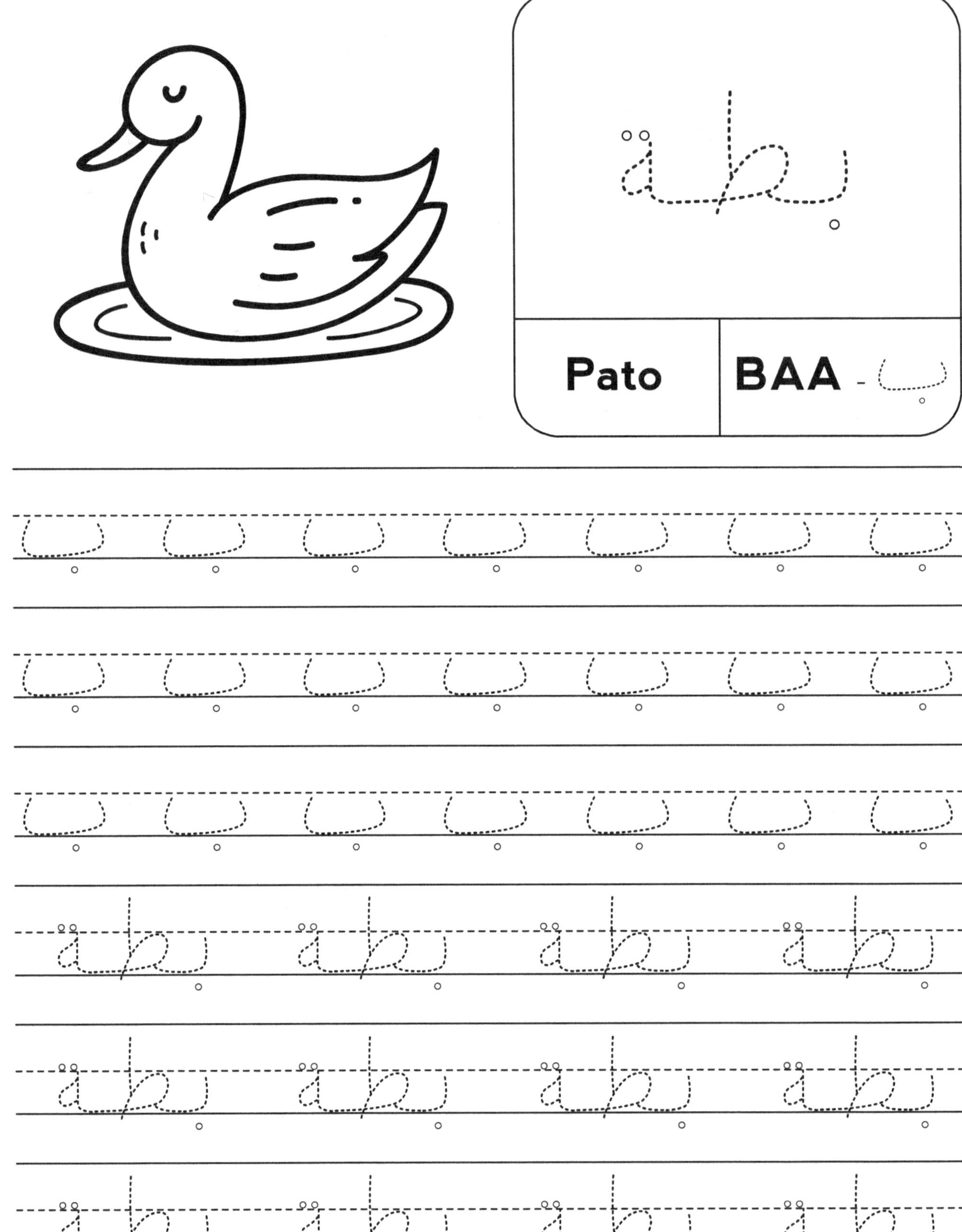
بطة
Pato
BAA - ب

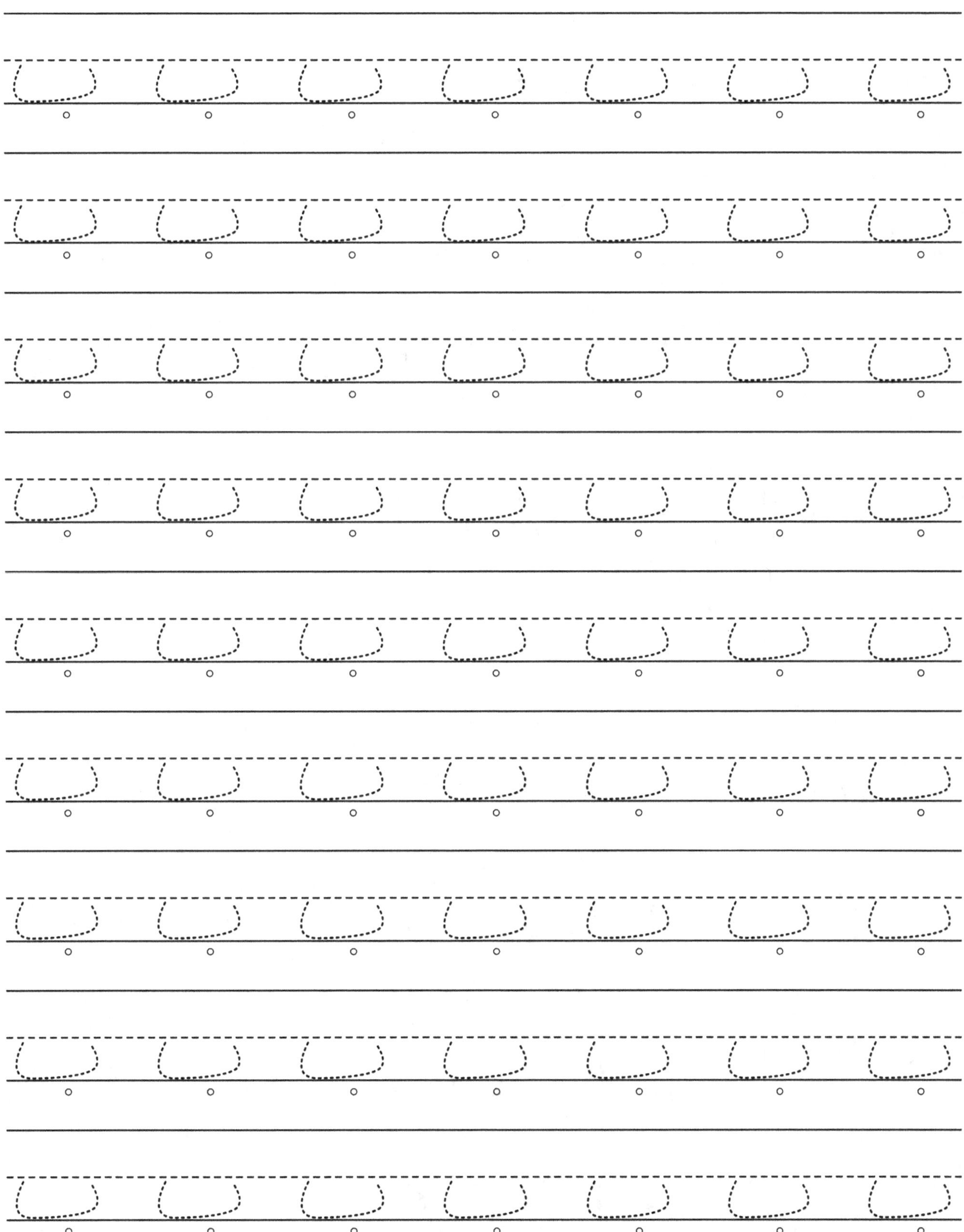

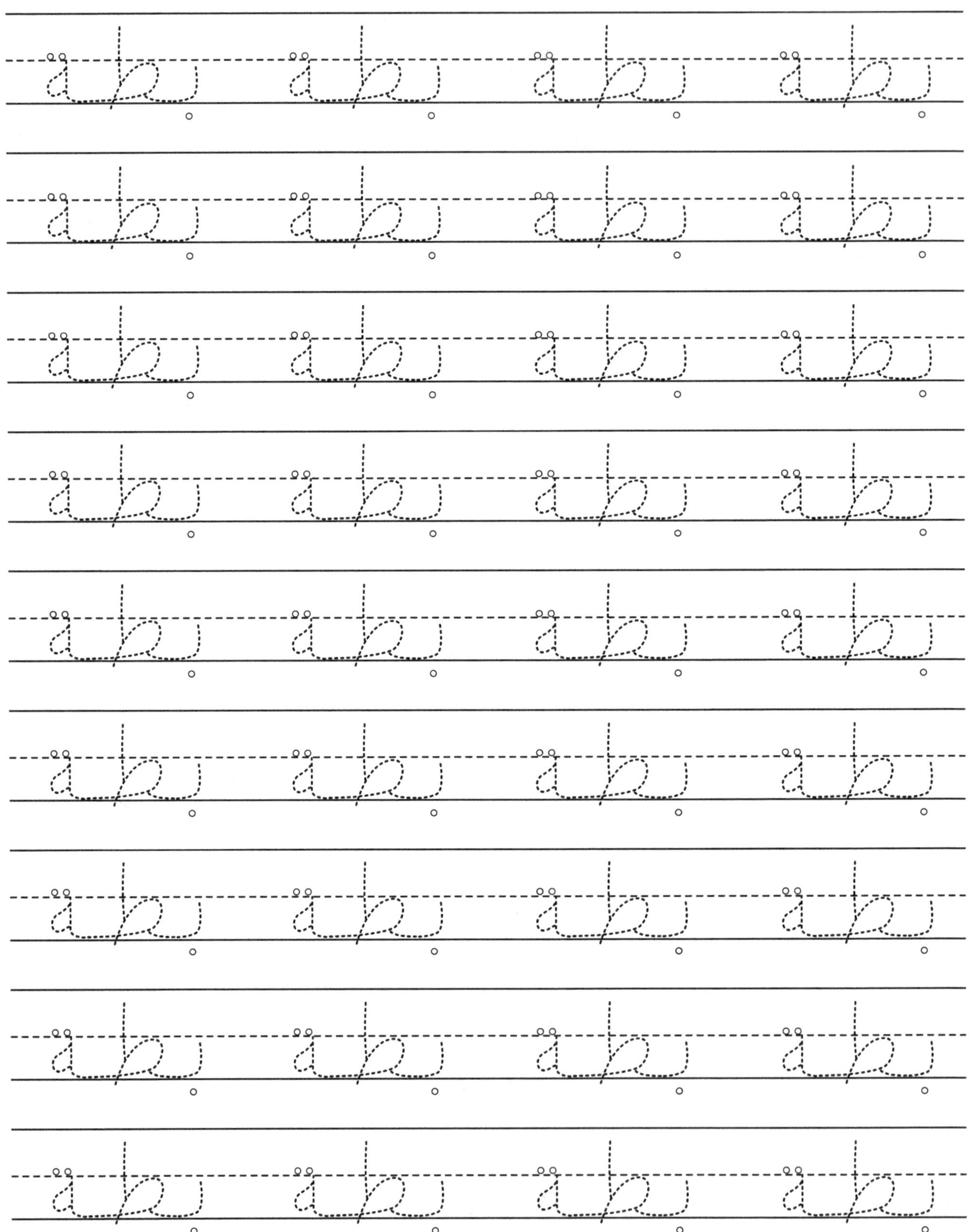

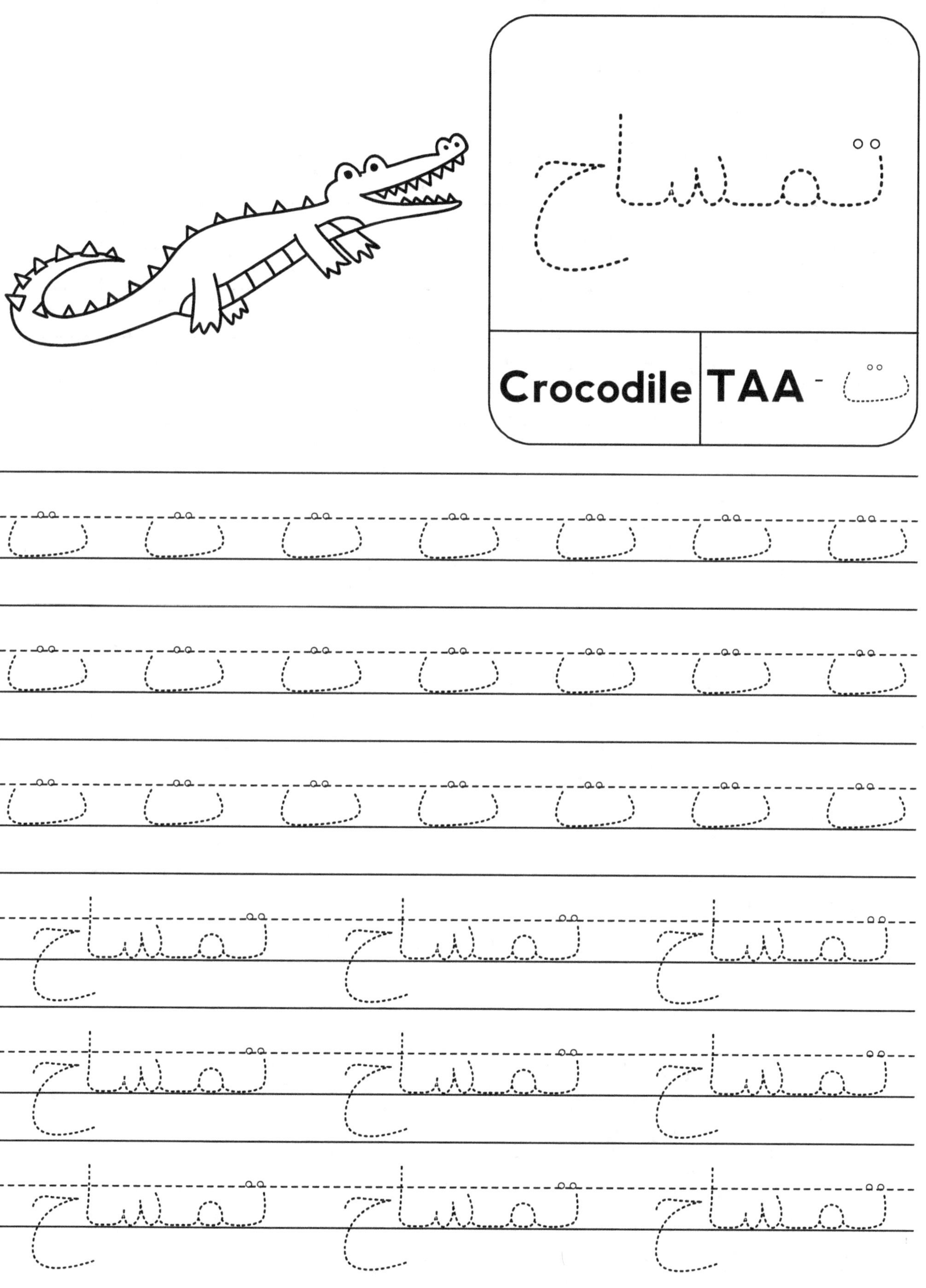

تمساح
Crocodile
TAA - ت

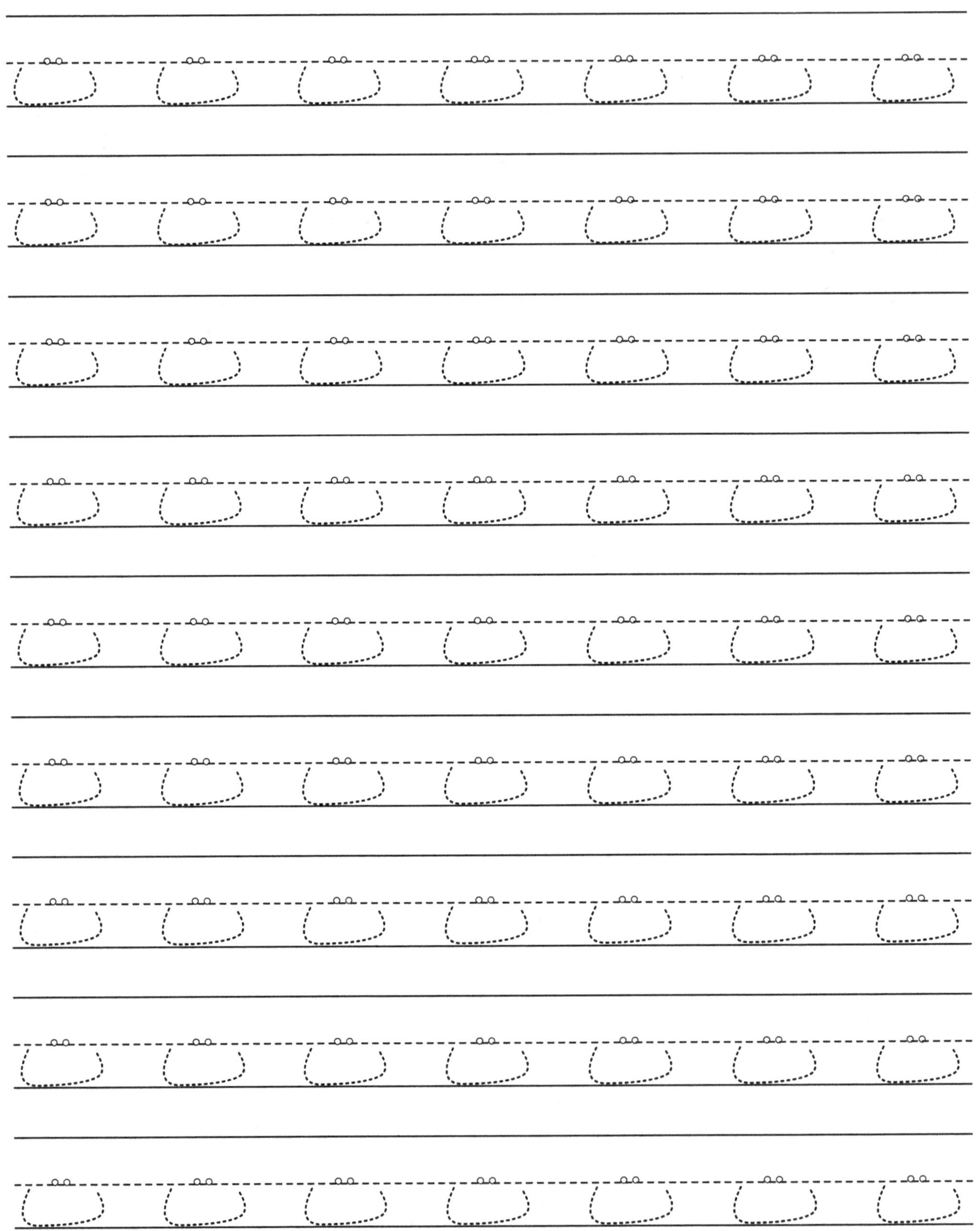

تمساح تمساح تمساح

تمساح تمساح تمساح

تمساح تمساح تمساح

تمساح تمساح تمساح

تمساح تمساح تمساح

تمساح تمساح تمساح

تمساح تمساح تمساح

تمساح تمساح تمساح

تمساح تمساح تمساح

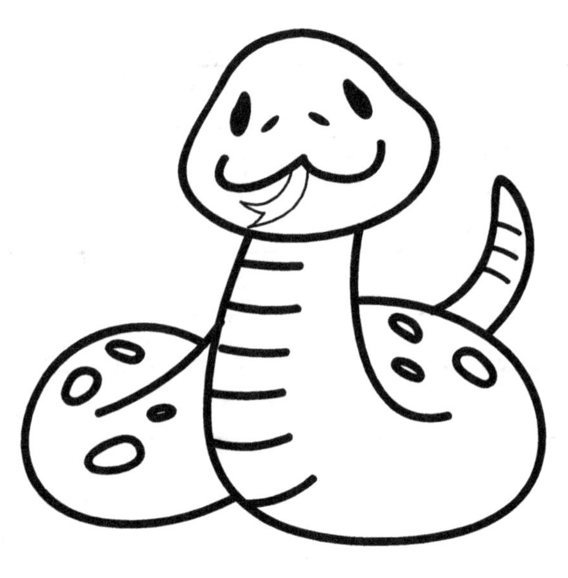

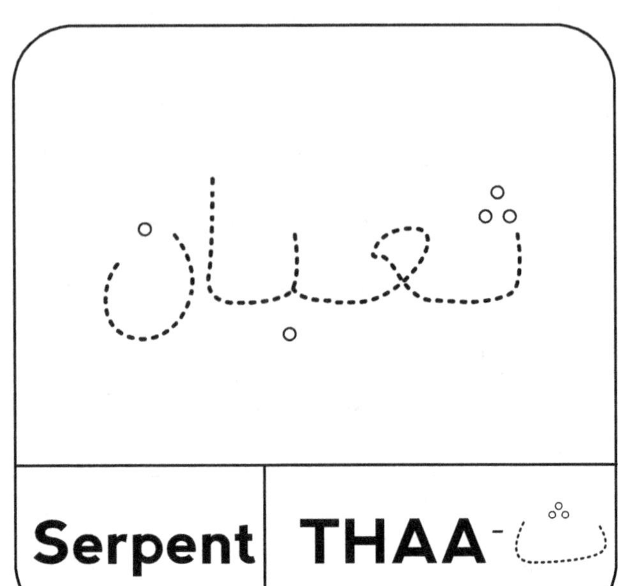

ث ث ث ث ث ث ث

ث ث ث ث ث ث ث

ث ث ث ث ث ث ث

ثعبان ثعبان ثعبان ثعبان

ثعبان ثعبان ثعبان ثعبان

ثعبان ثعبان ثعبان ثعبان

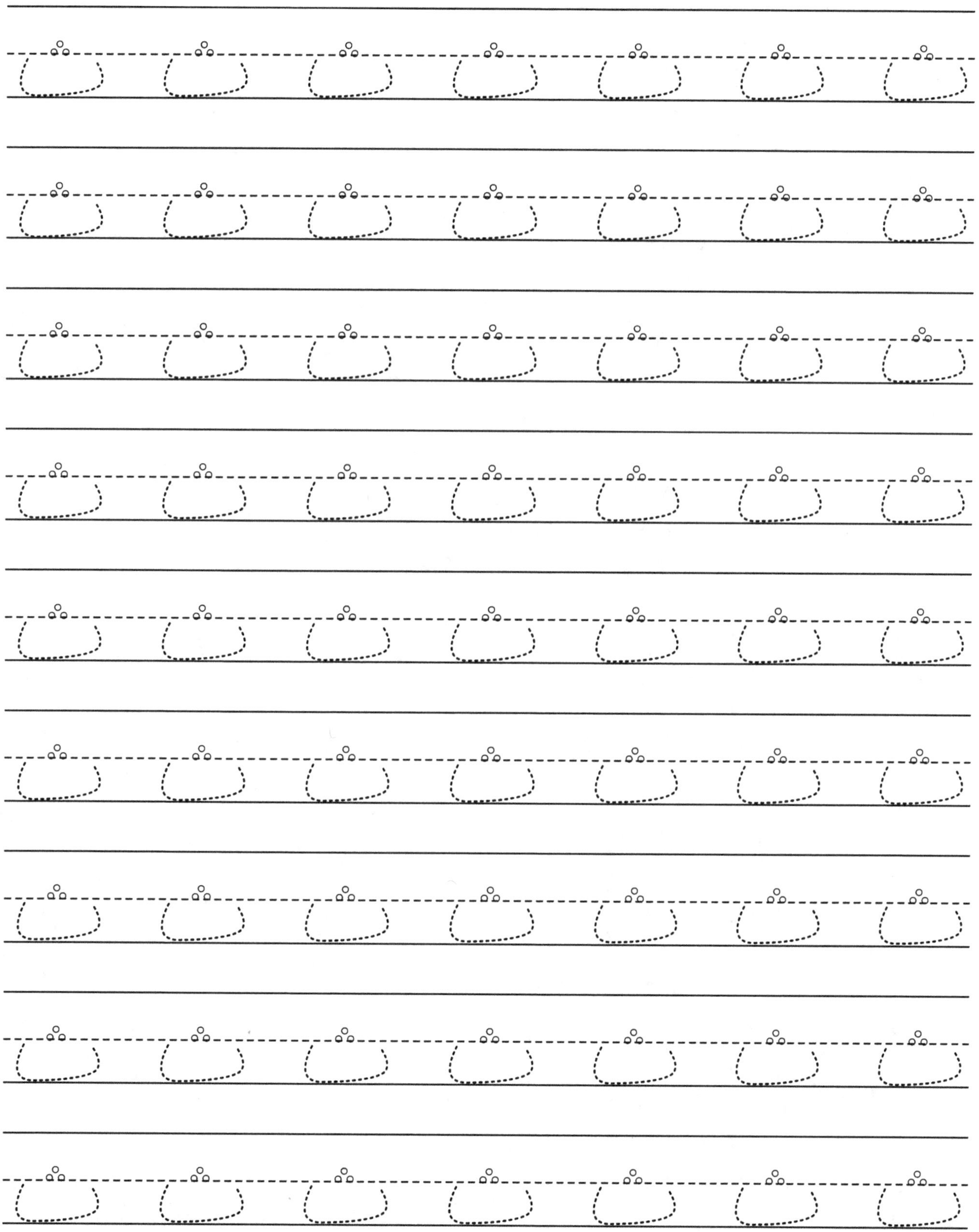

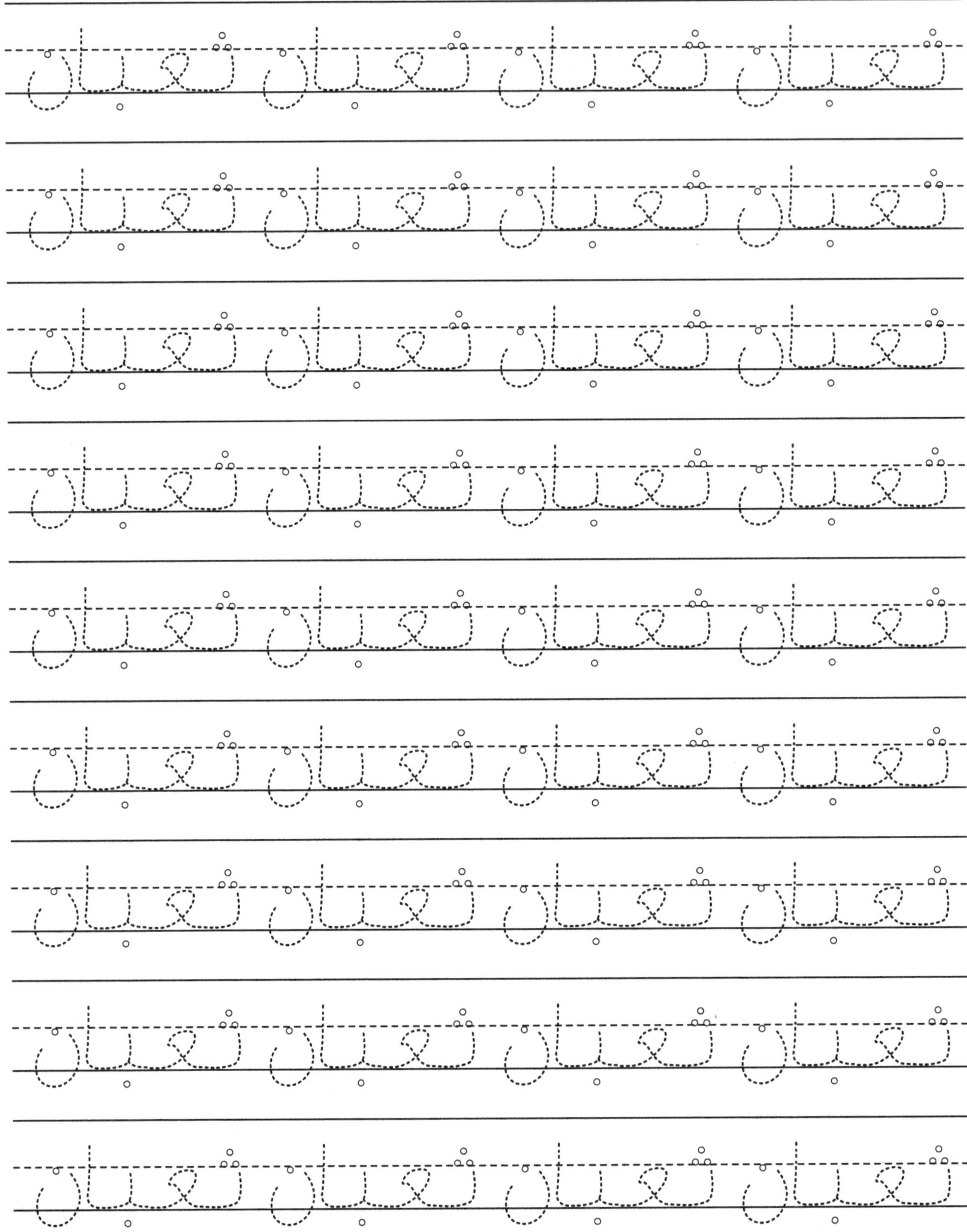

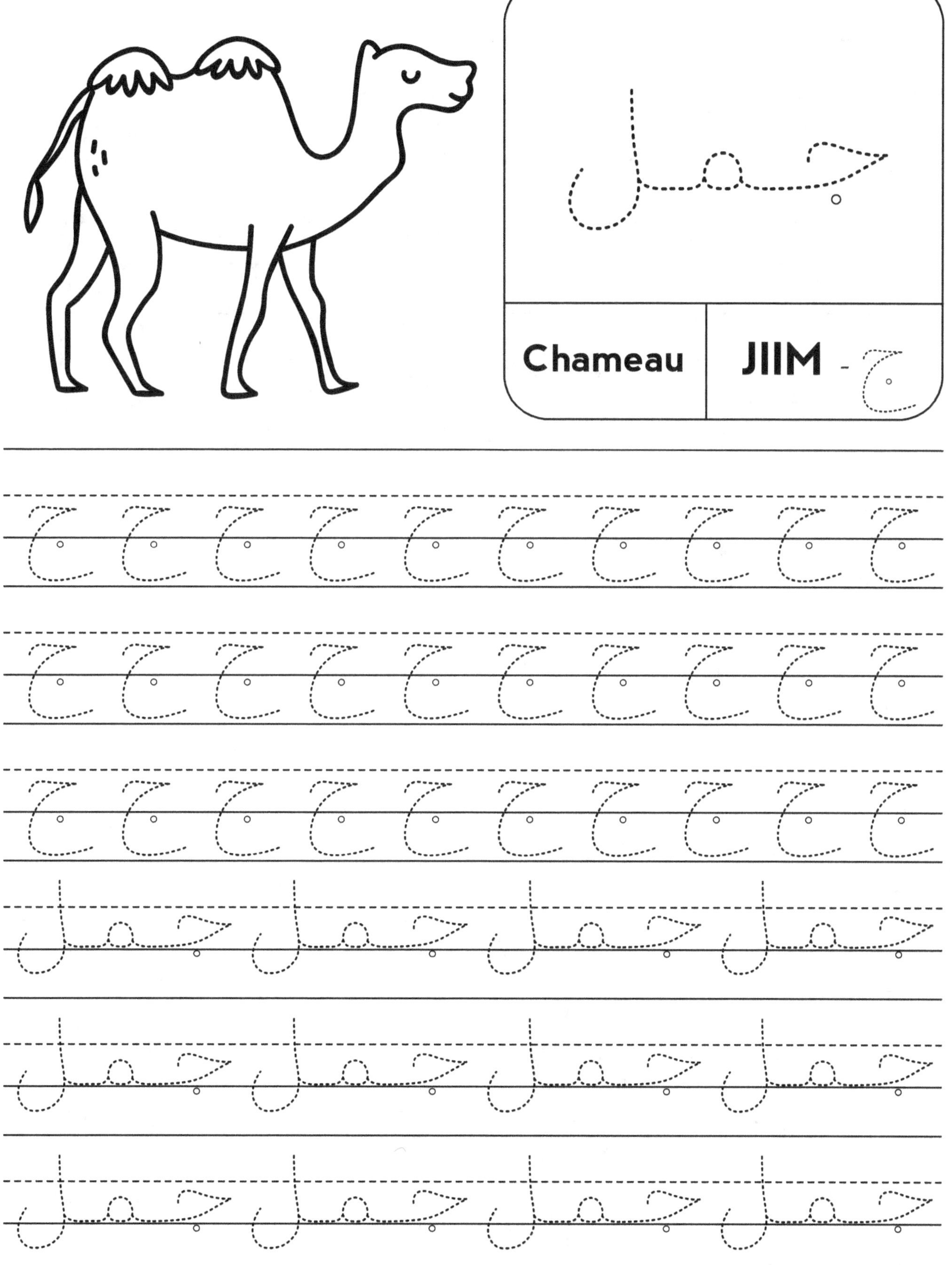
جمل
Chameau
JIIM - ج

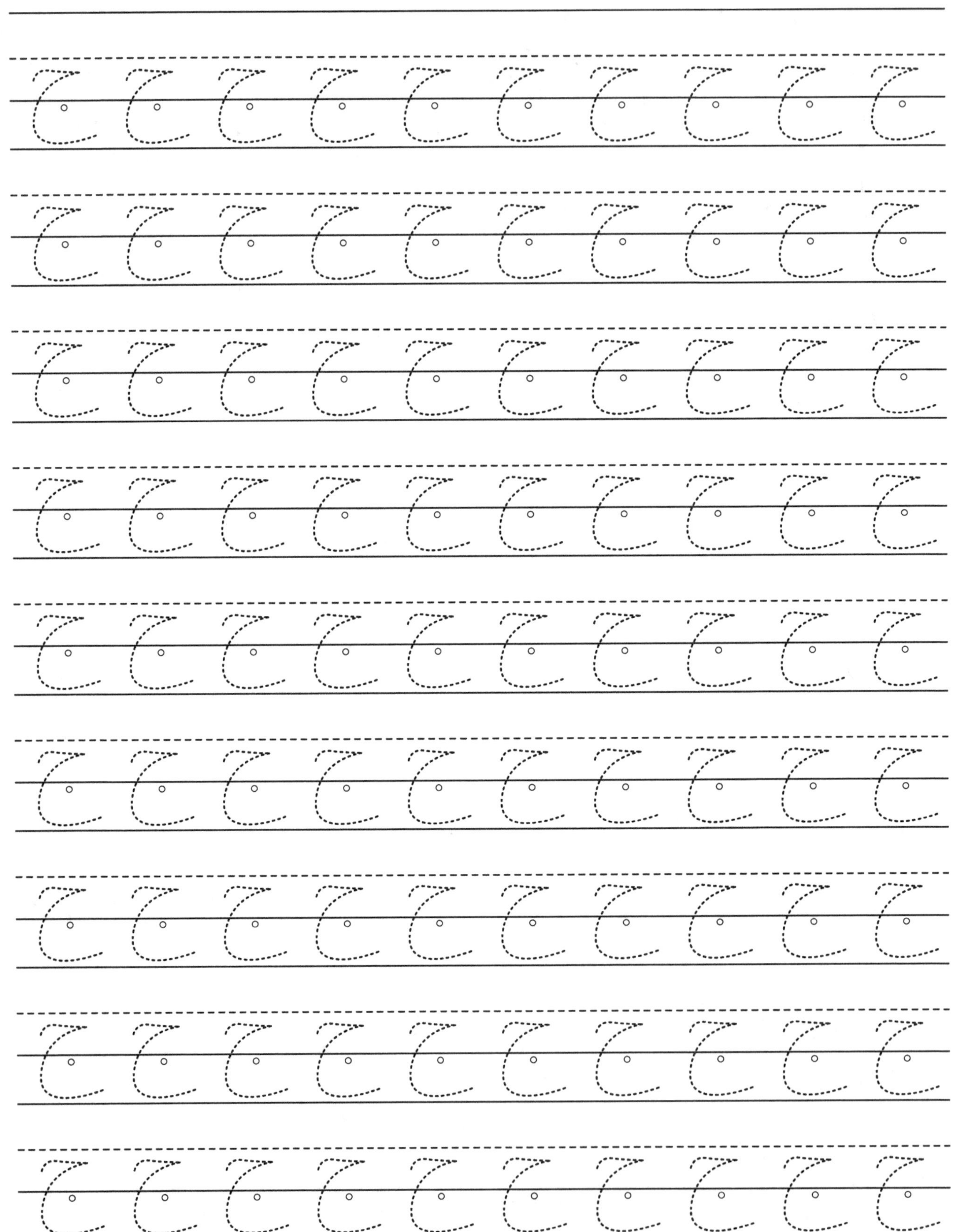

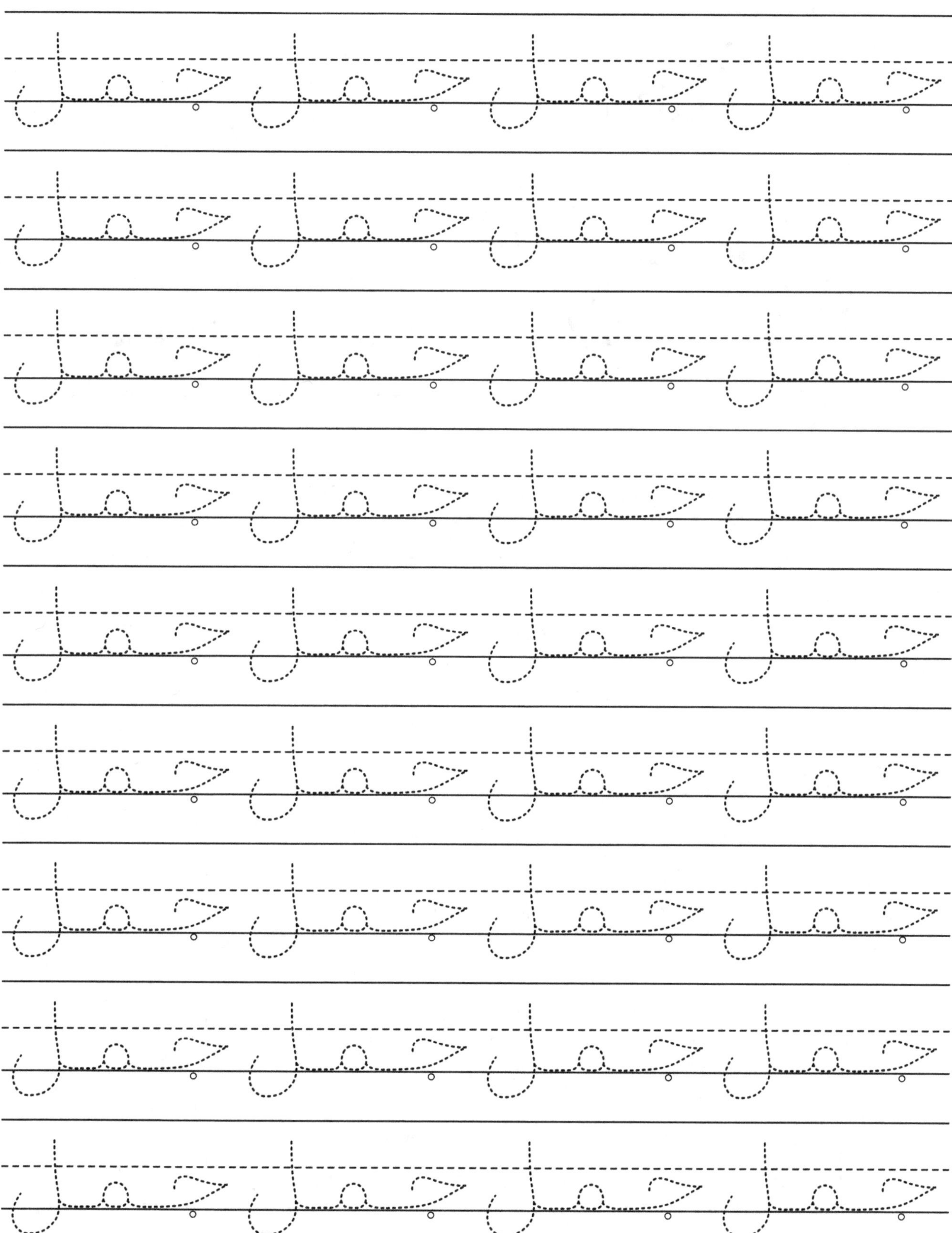

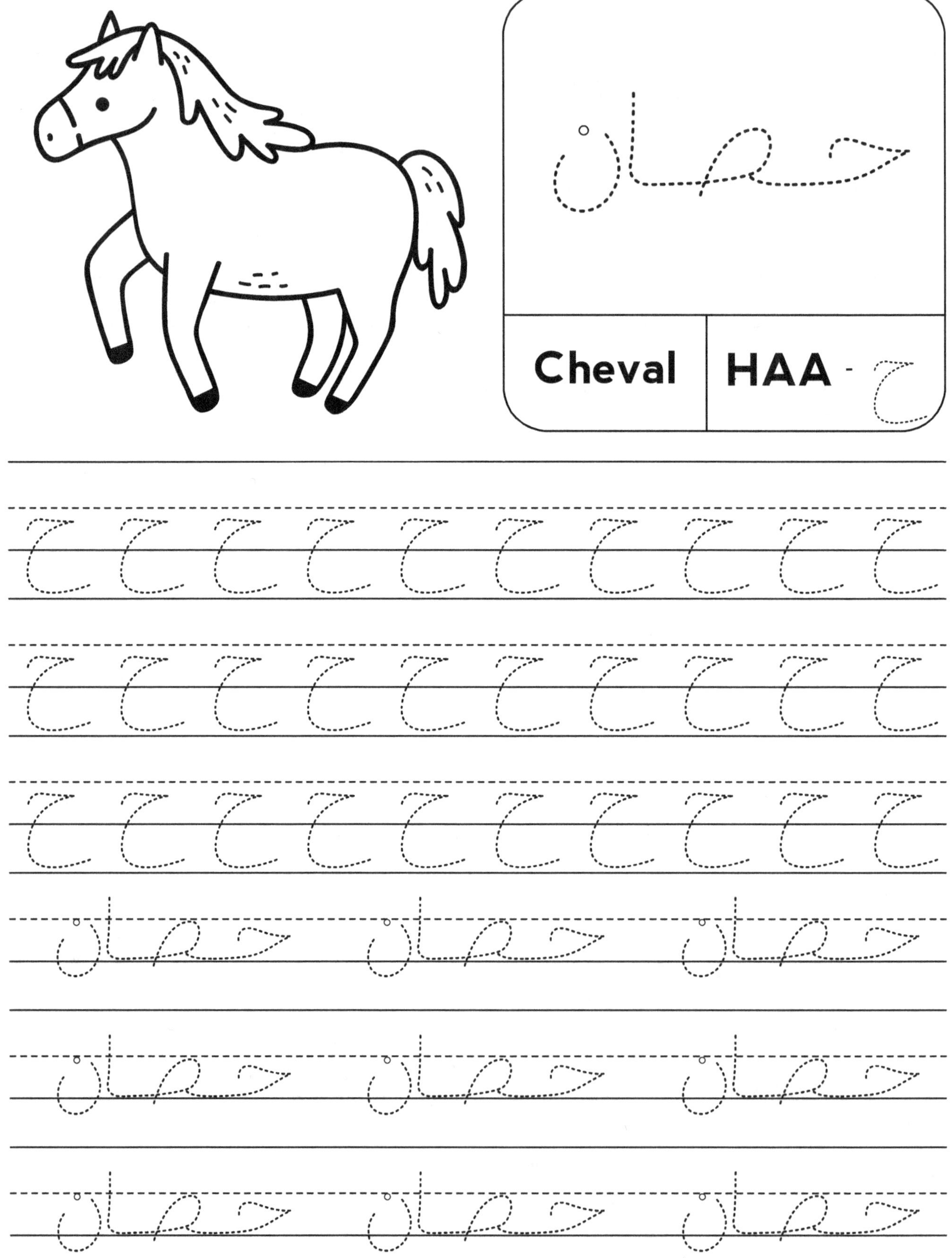
حصان
Cheval
HAA - ح

C C C C C C C C C C

C C C C C C C C C C

C C C C C C C C C C

C C C C C C C C C C

C C C C C C C C C C

C C C C C C C C C C

C C C C C C C C C C

C C C C C C C C C C

C C C C C C C C C C

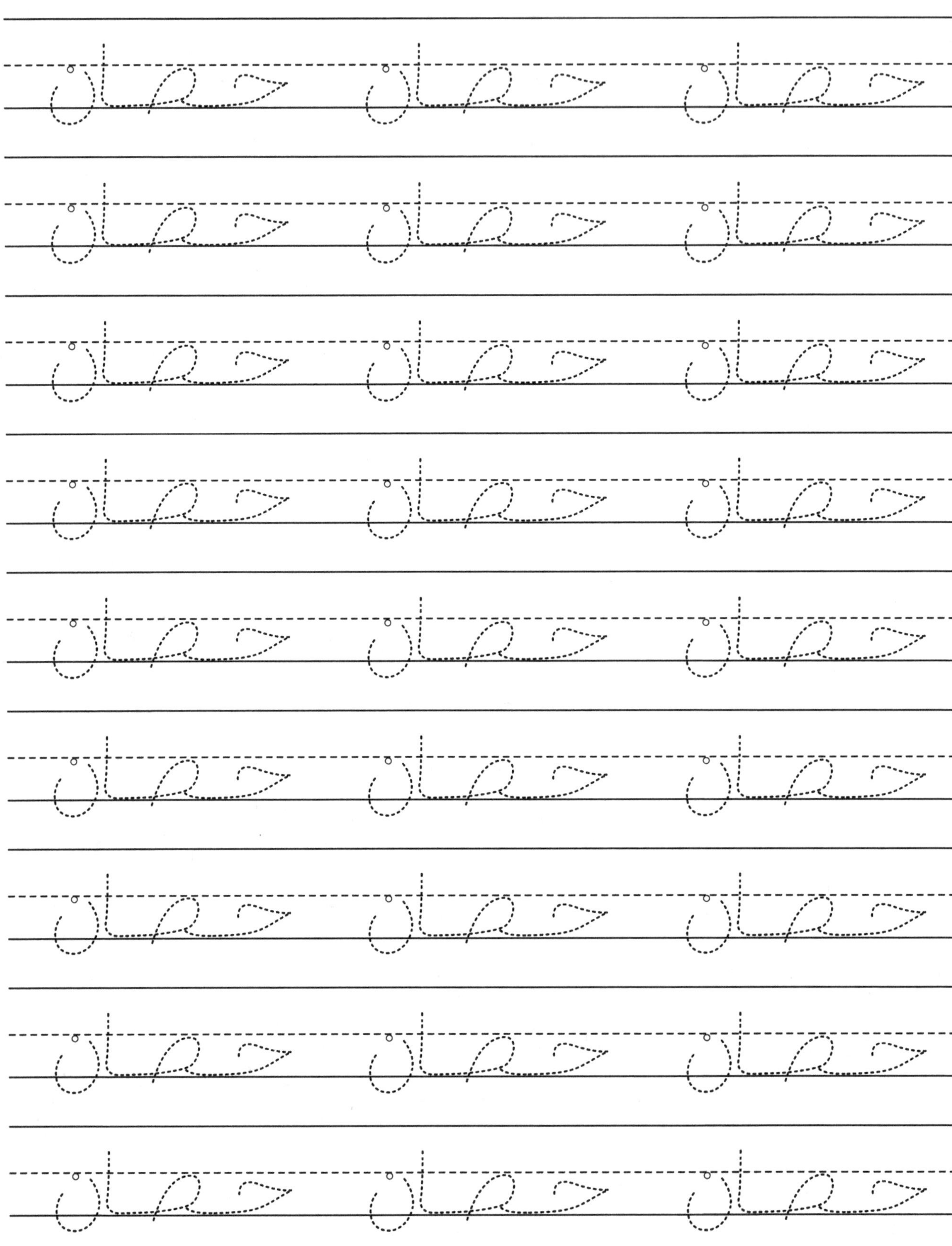

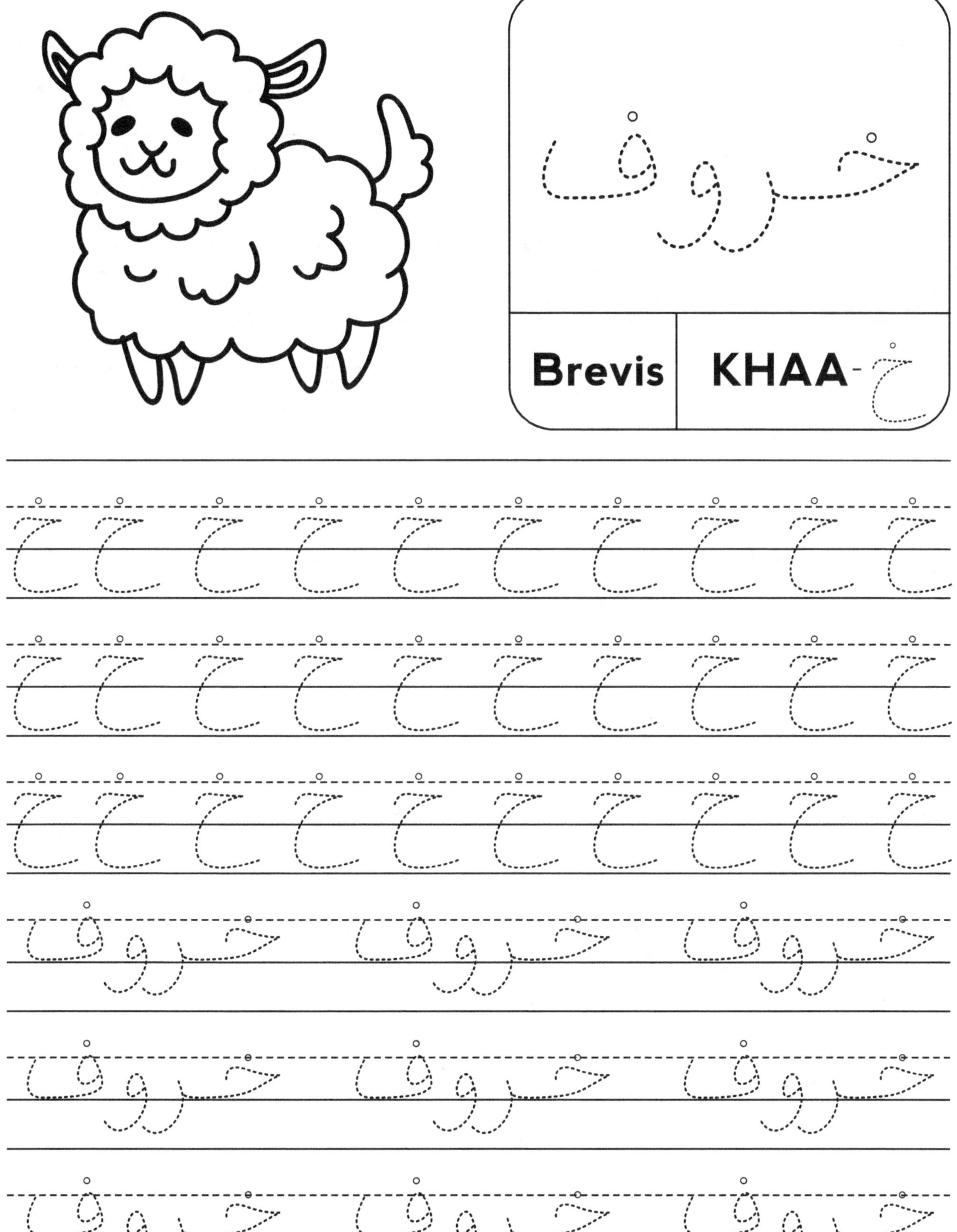
خروف
Brevis
KHAA- خ

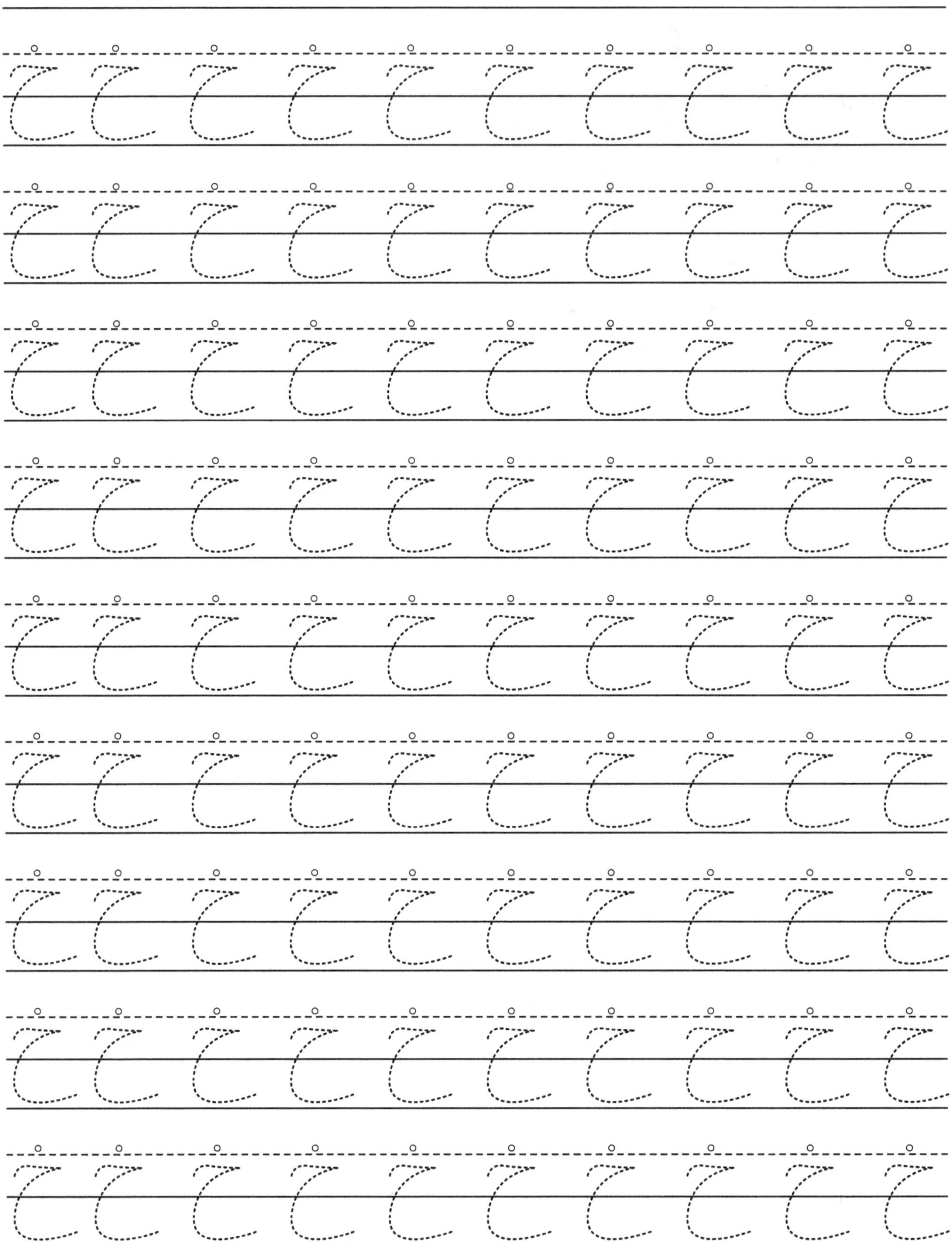

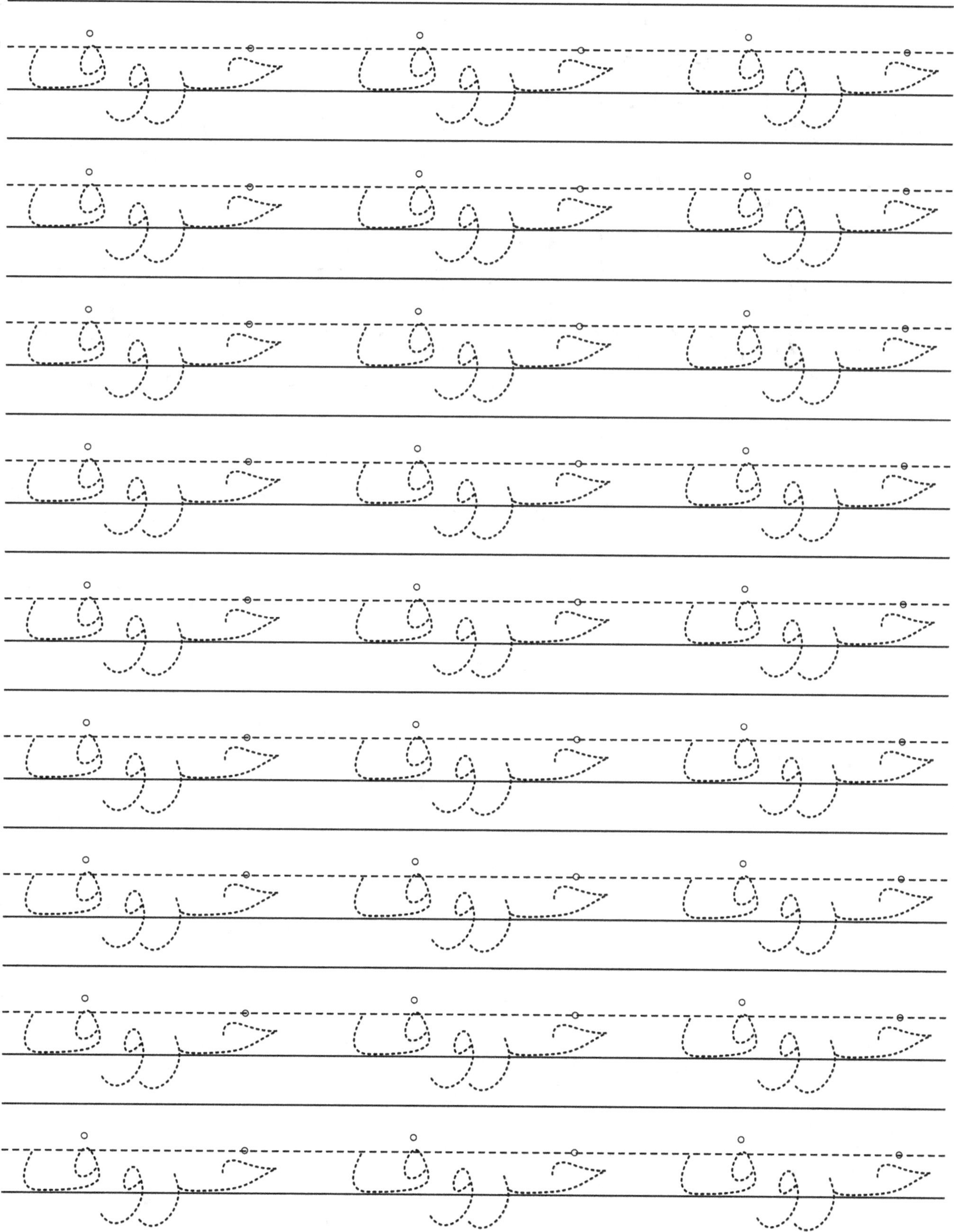
حروف حروف حروف
حروف حروف حروف
حروف حروف حروف
حروف حروف حروف
حروف حروف حروف
حروف حروف حروف
حروف حروف حروف
حروف حروف حروف
حروف حروف حروف

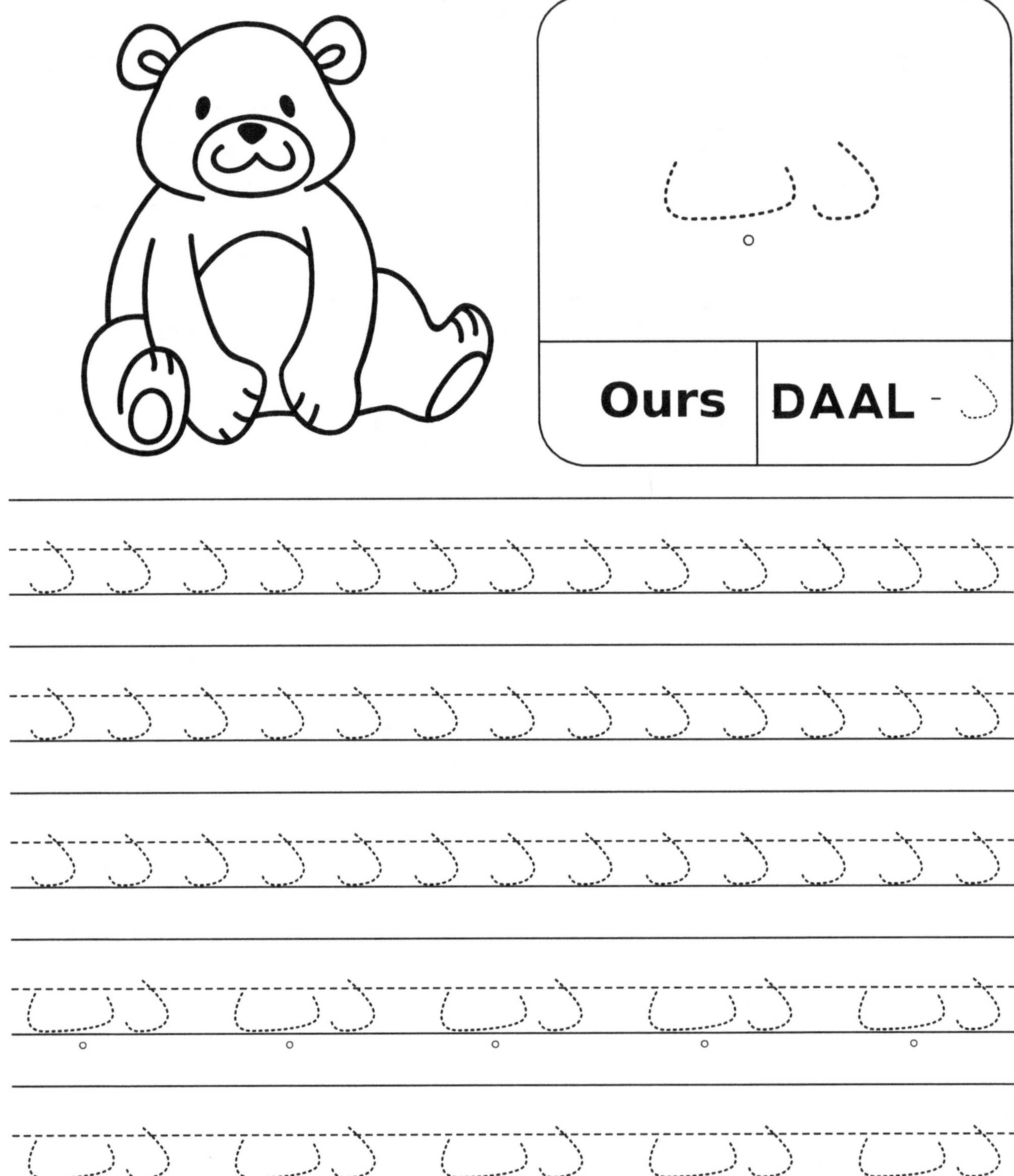
Ours
DAAL -

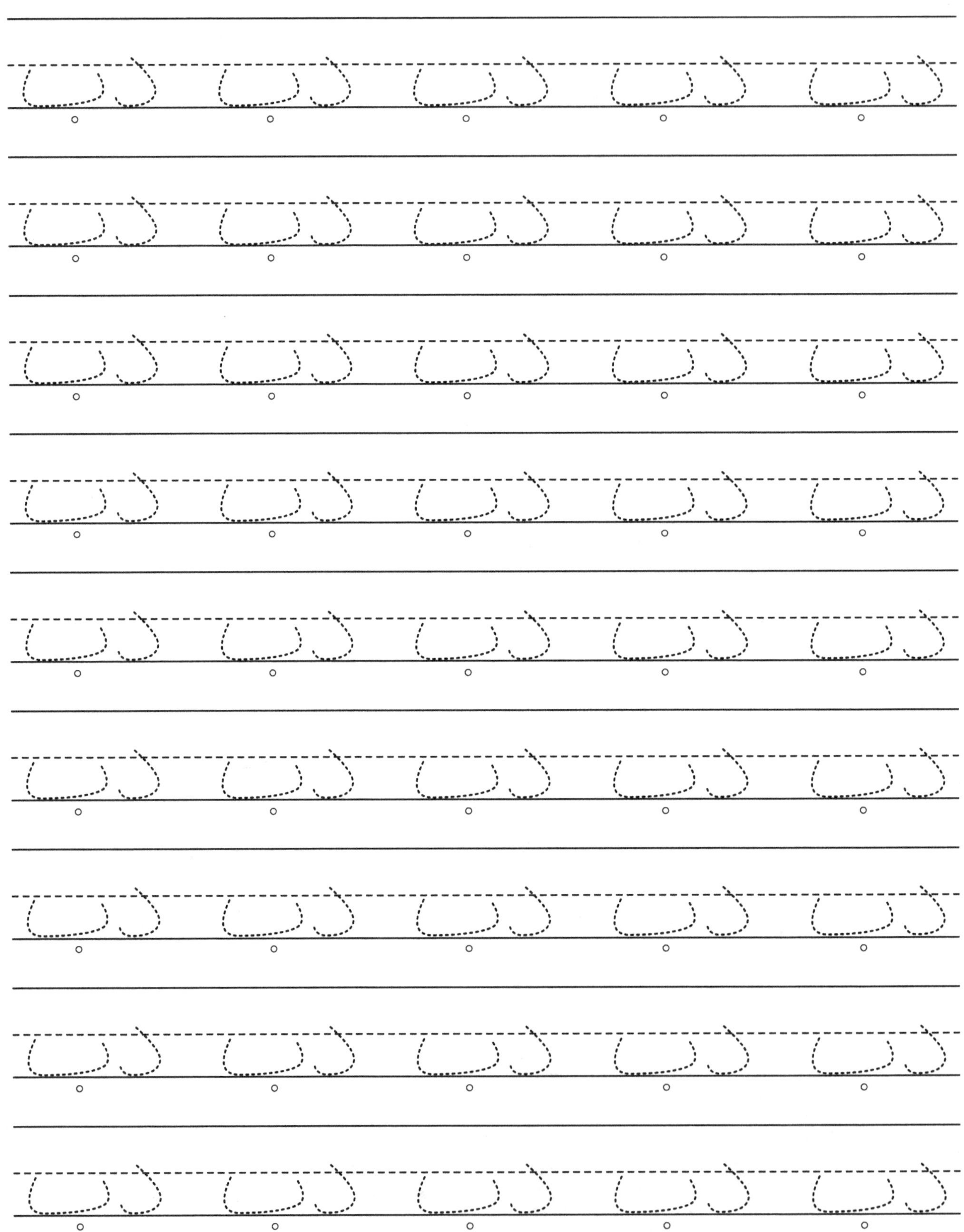

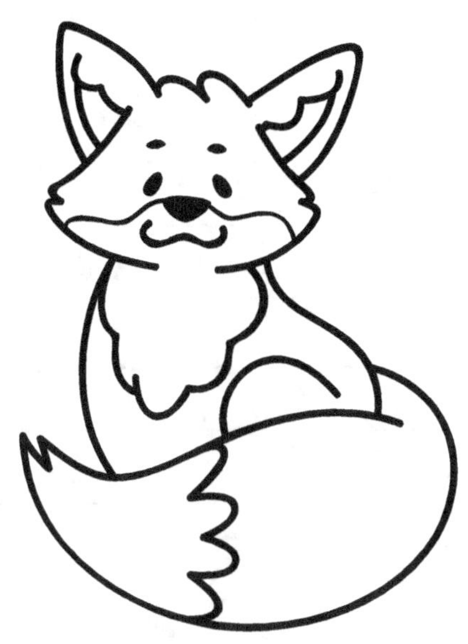

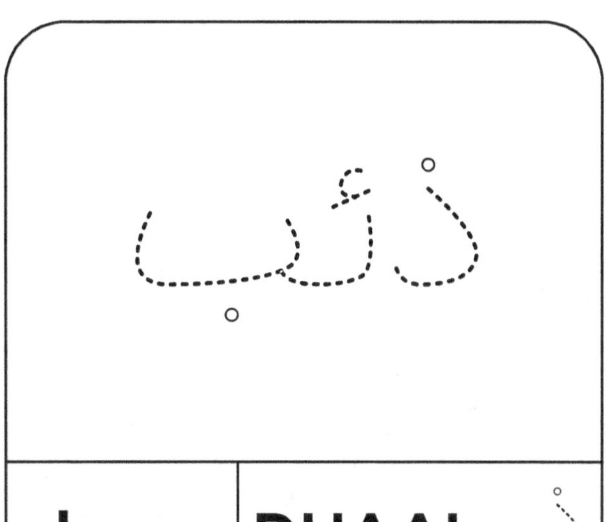

ذ ذ ذ ذ ذ ذ ذ ذ ذ ذ ذ

ذ ذ ذ ذ ذ ذ ذ ذ ذ ذ ذ

ذ ذ ذ ذ ذ ذ ذ ذ ذ ذ ذ

ذئب ذئب ذئب ذئب

ذئب ذئب ذئب ذئب

ذئب ذئب ذئب ذئب

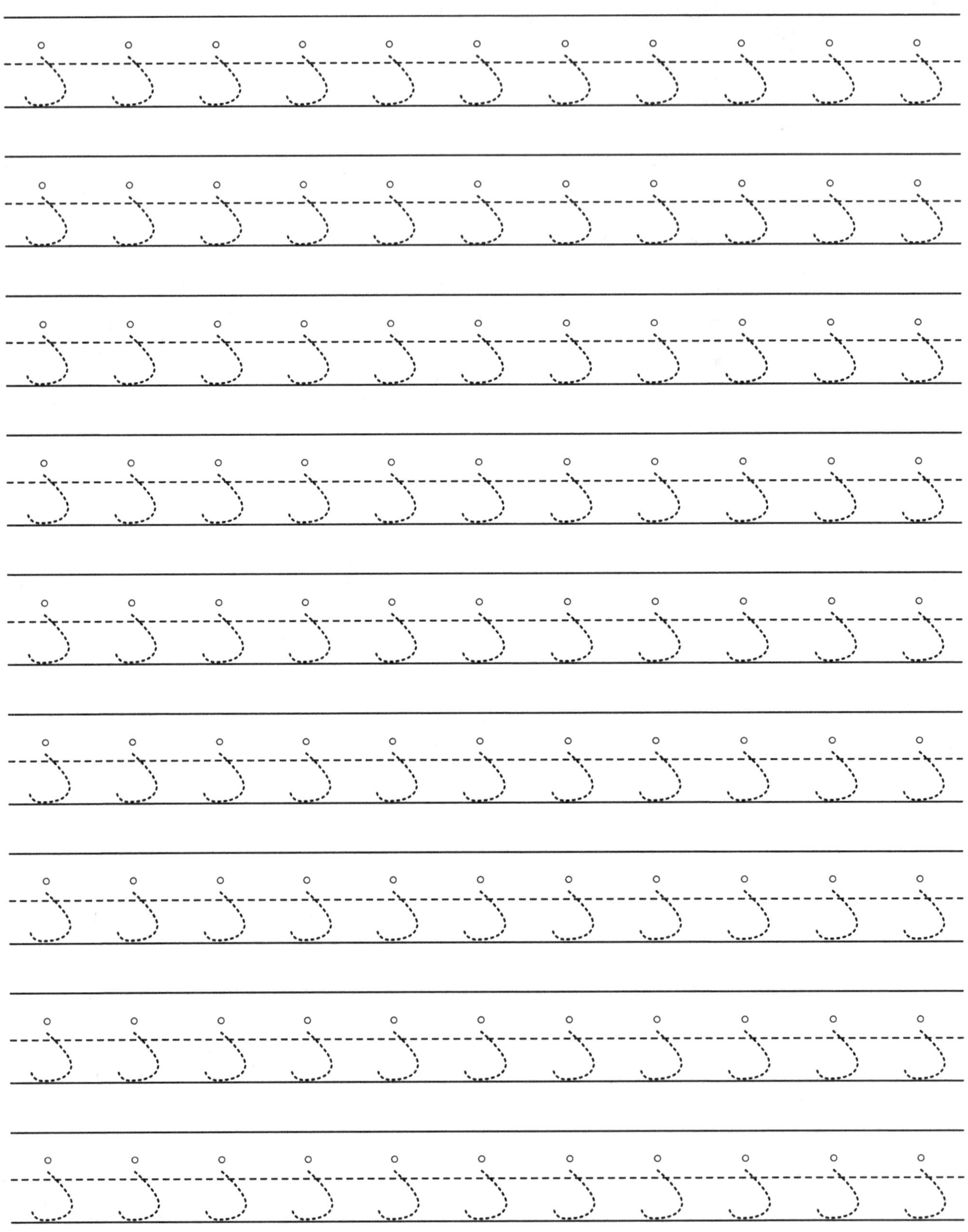

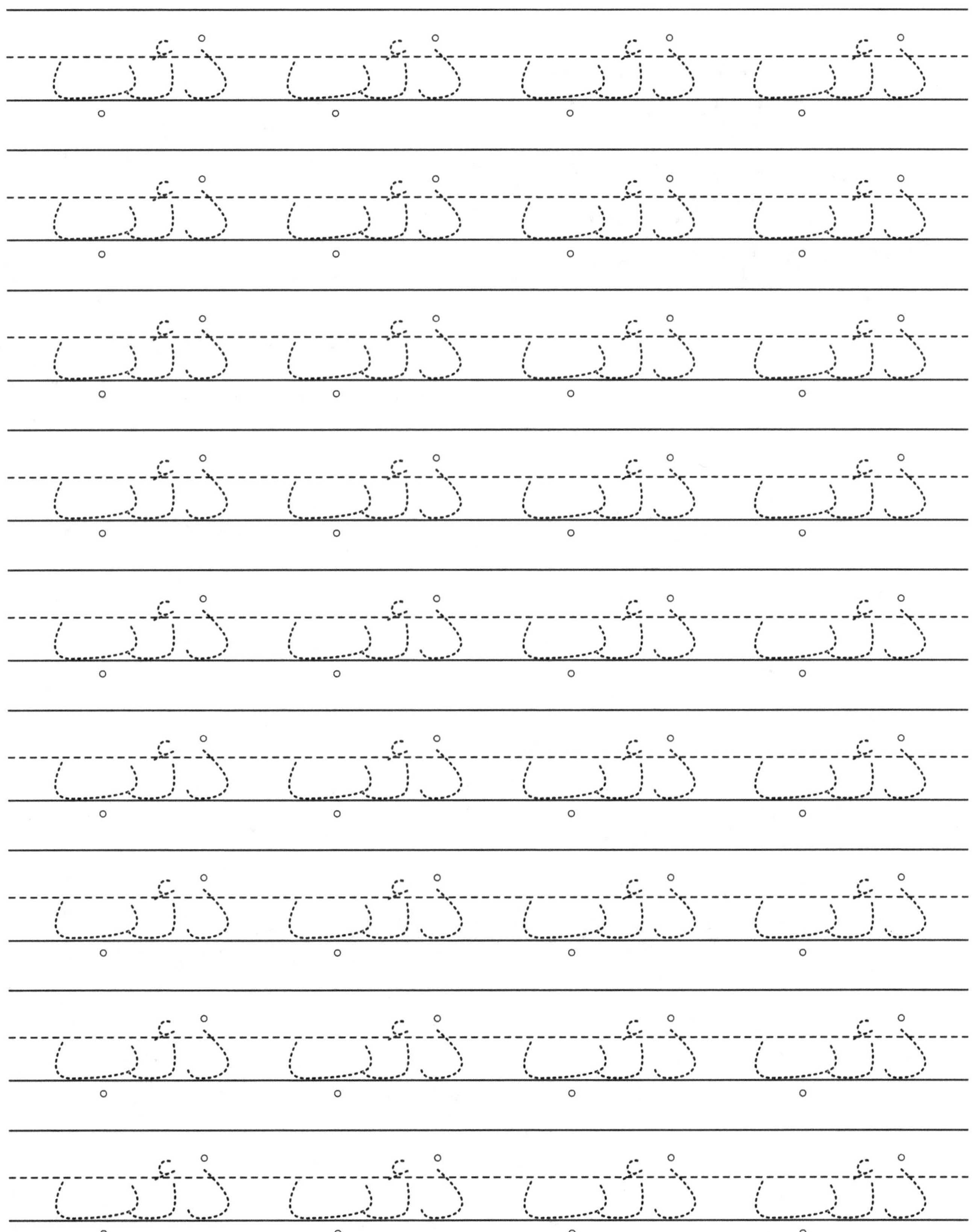

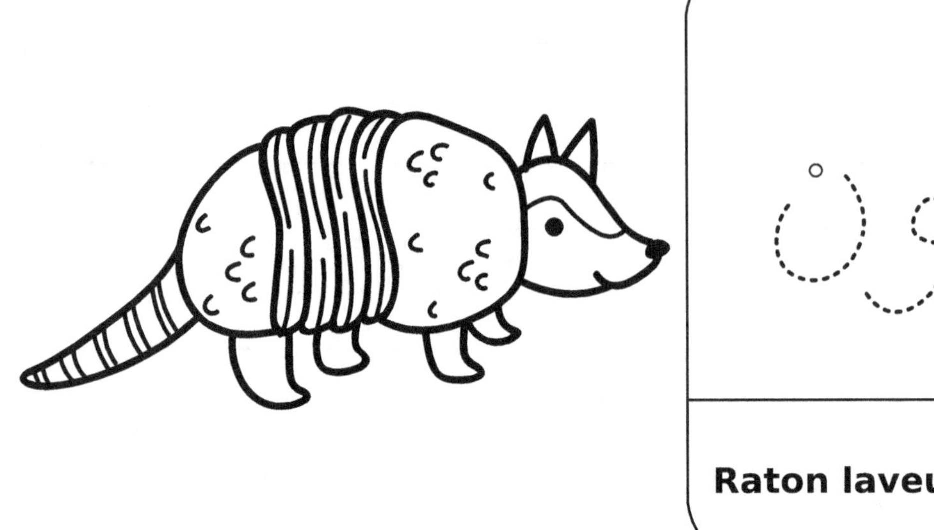

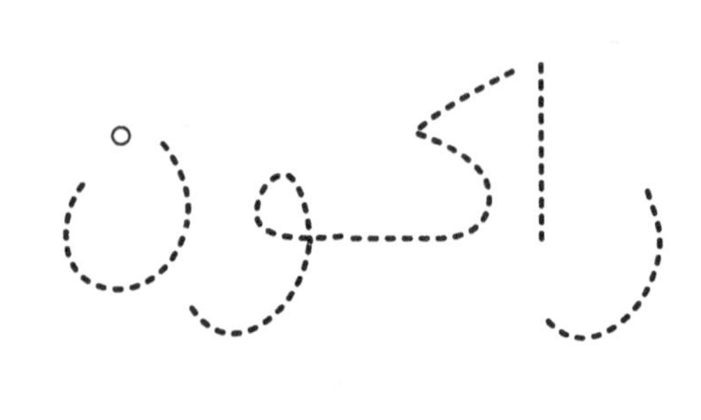

Raton laveur	RAA - ر

ر ر ر ر ر ر ر ر ر ر ر ر ر

ر ر ر ر ر ر ر ر ر ر ر ر ر

ر ر ر ر ر ر ر ر ر ر ر ر ر

راكون راكون راكون راكون

راكون راكون راكون راكون

راكون راكون راكون راكون

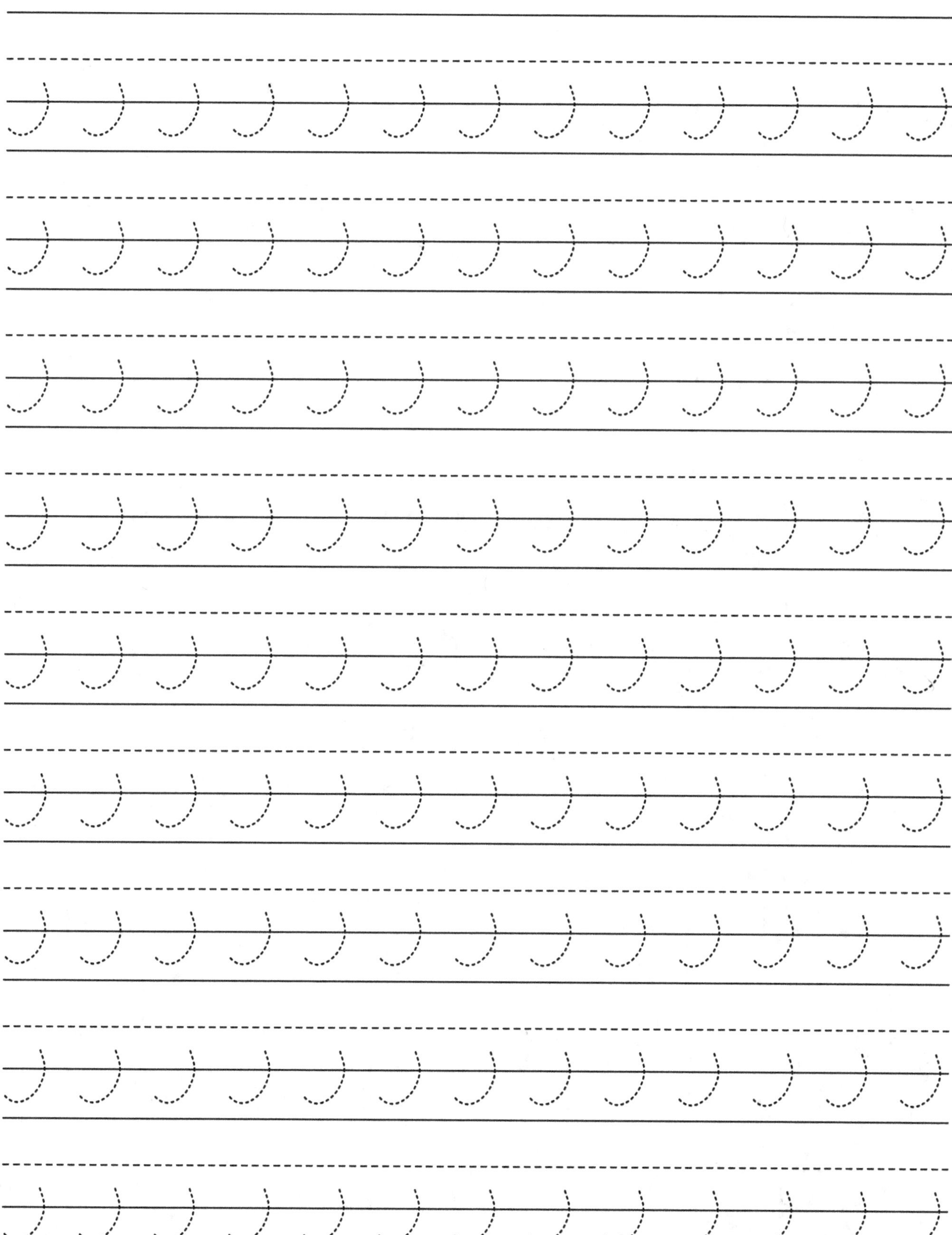

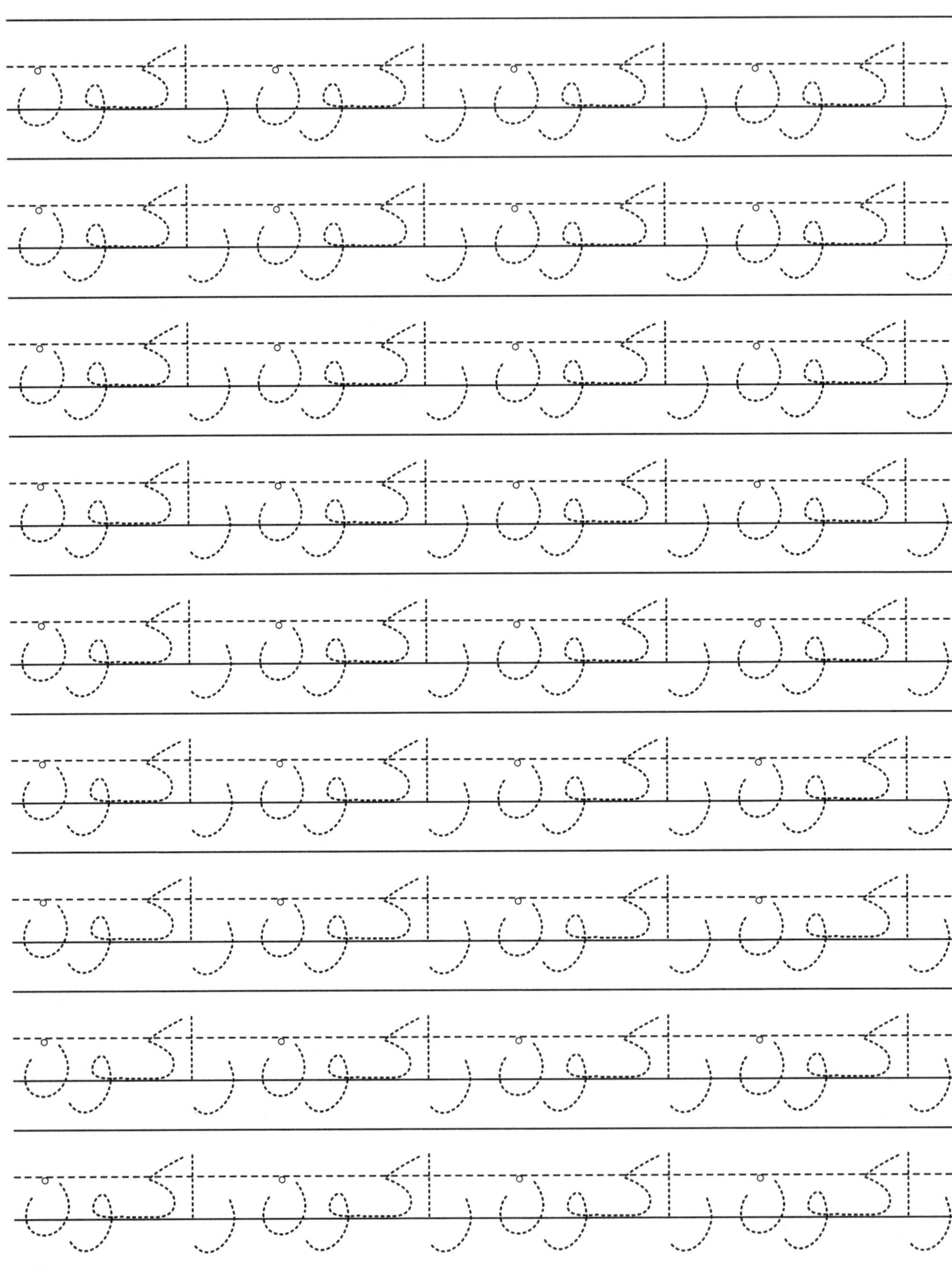

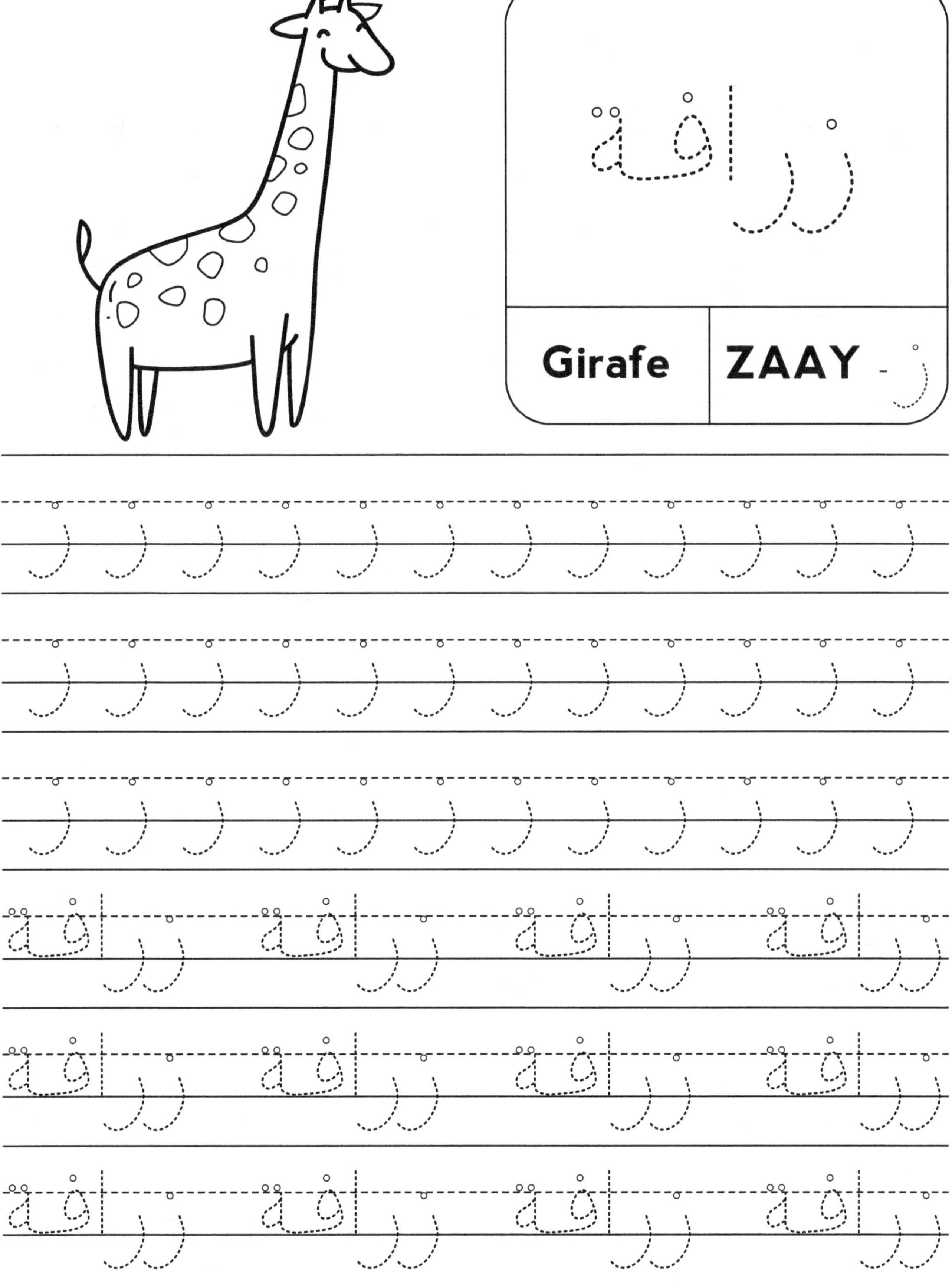

زرافة
Girafe
ZAAY - ز

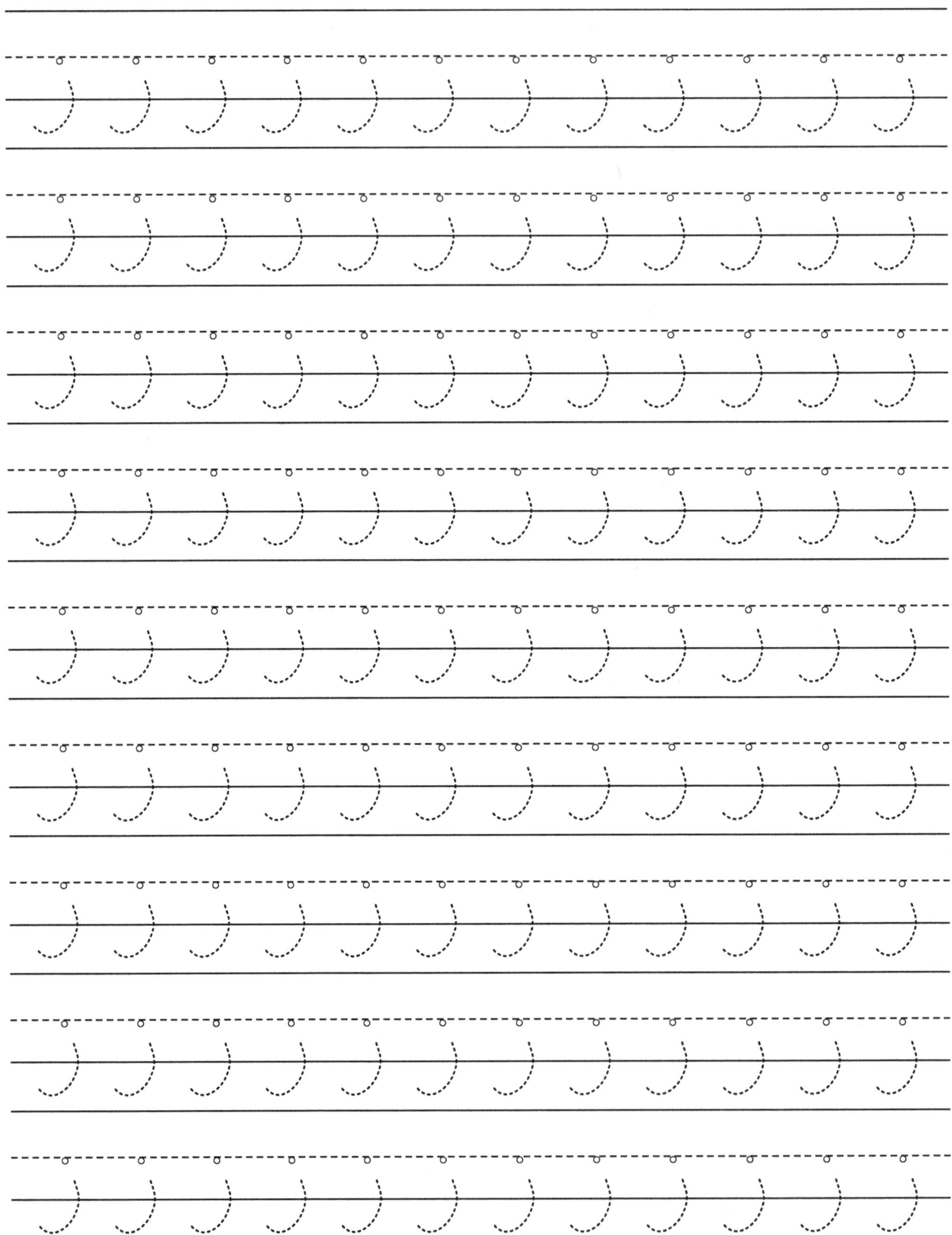

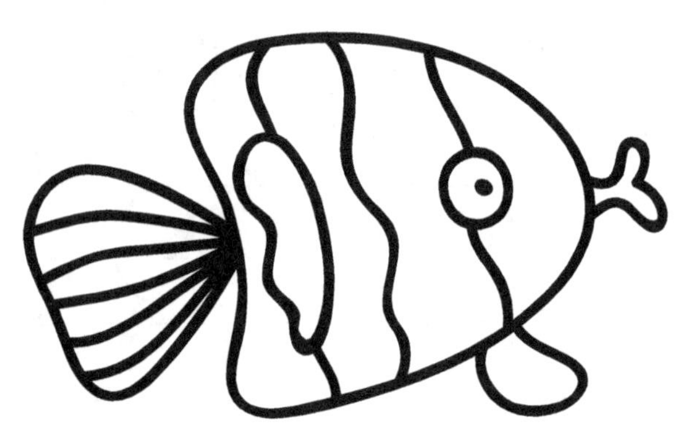

سمكة

Poisson | SIIN - س

س س س س س س س

س س س س س س س

س س س س س س س

سمكة سمكة سمكة

سمكة سمكة سمكة

سمكة سمكة سمكة

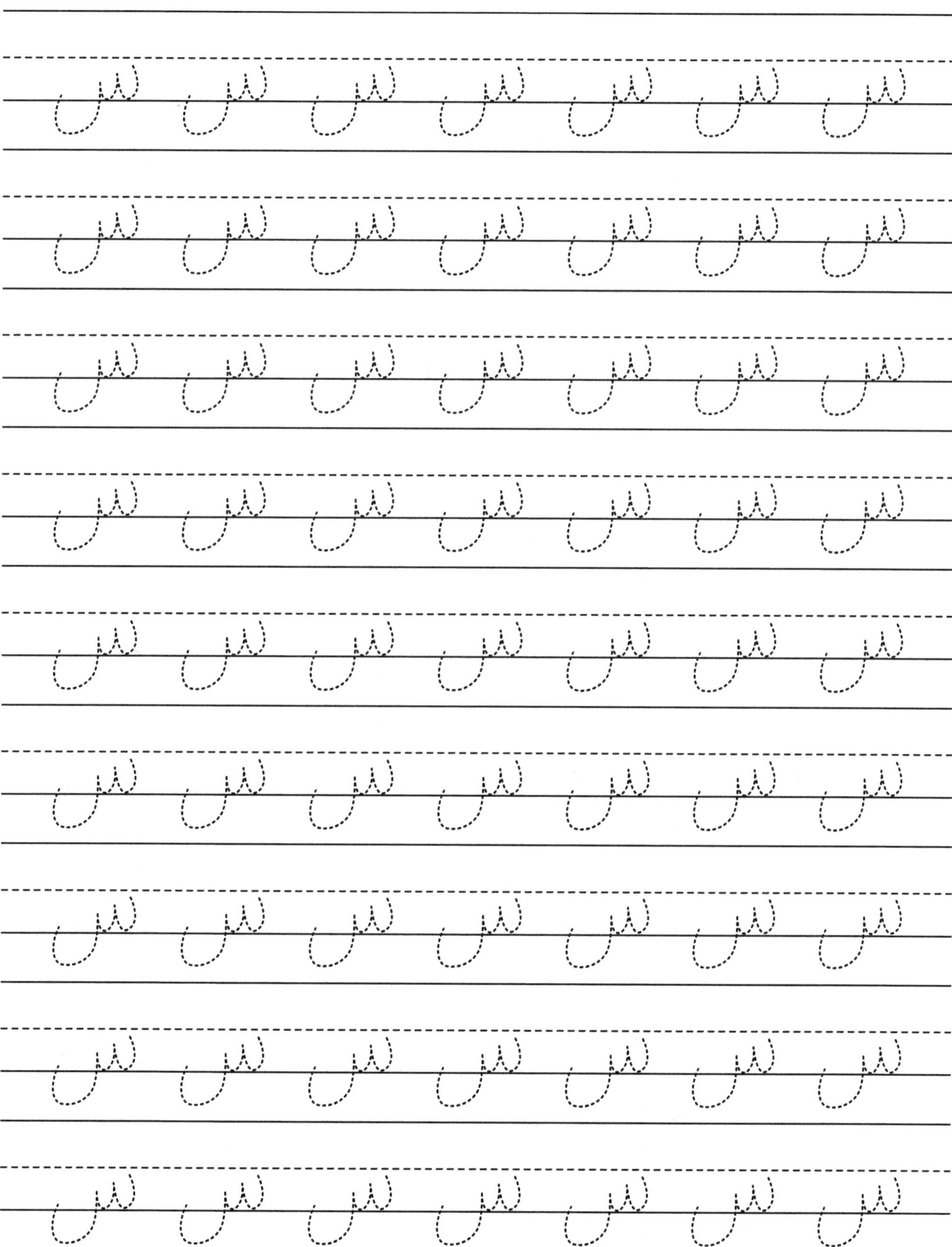

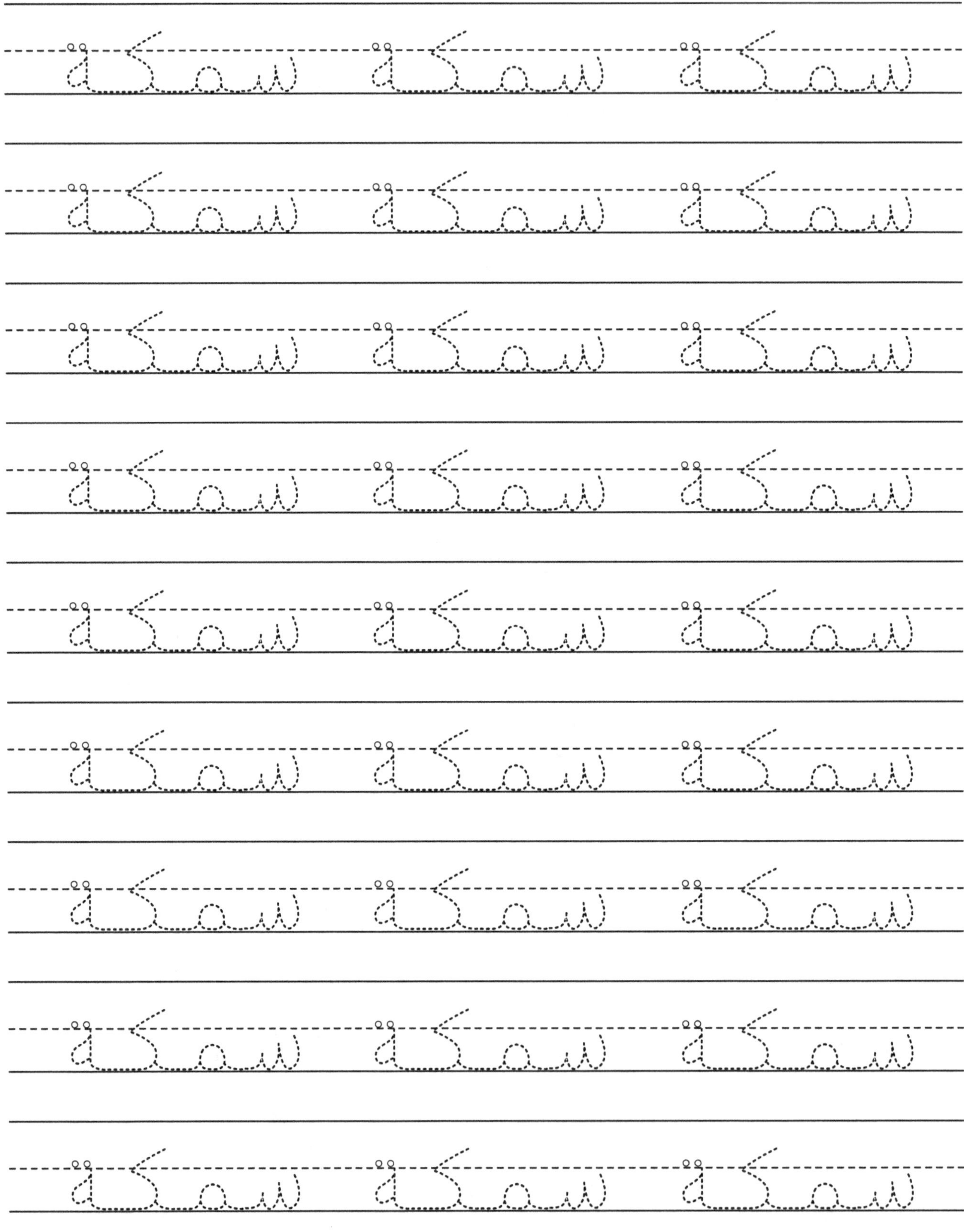

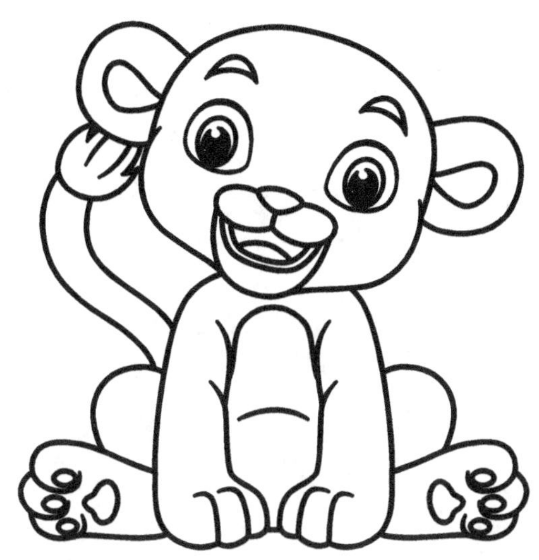

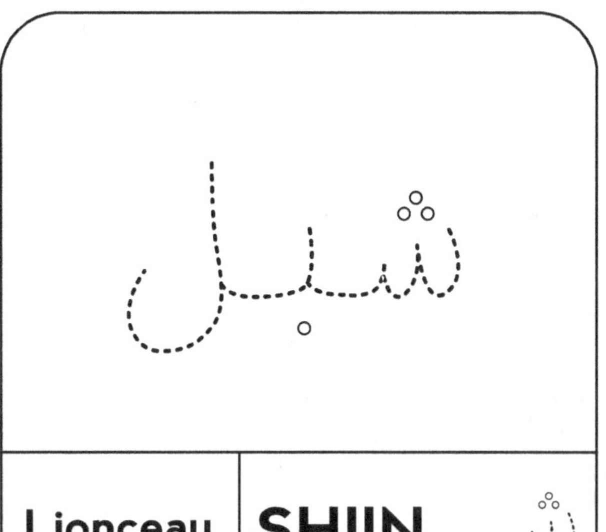

ش ش ش ش ش ش ش ش

ش ش ش ش ش ش ش ش

ش ش ش ش ش ش ش ش

شبل شبل شبل شبل

شبل شبل شبل شبل

شبل شبل شبل شبل

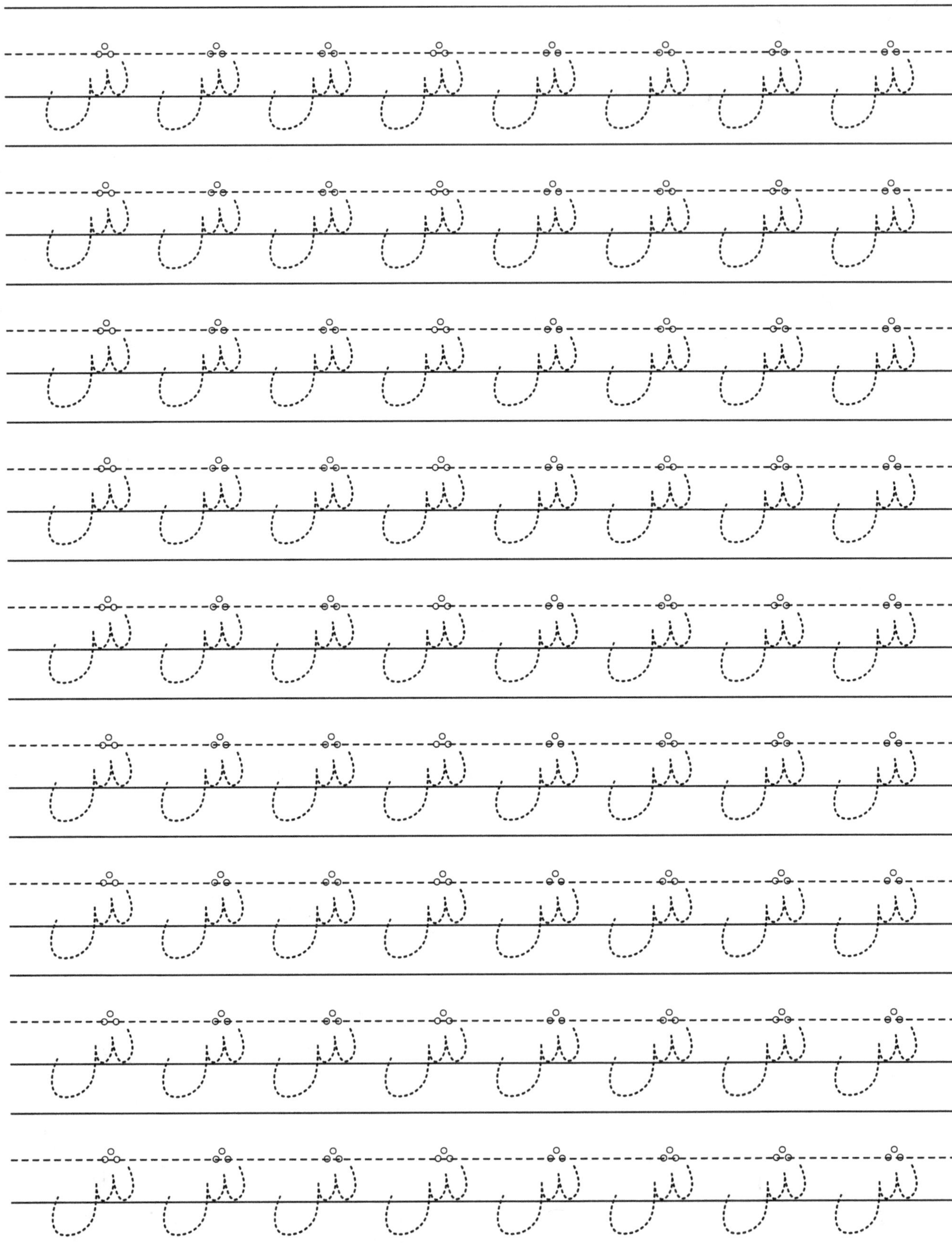

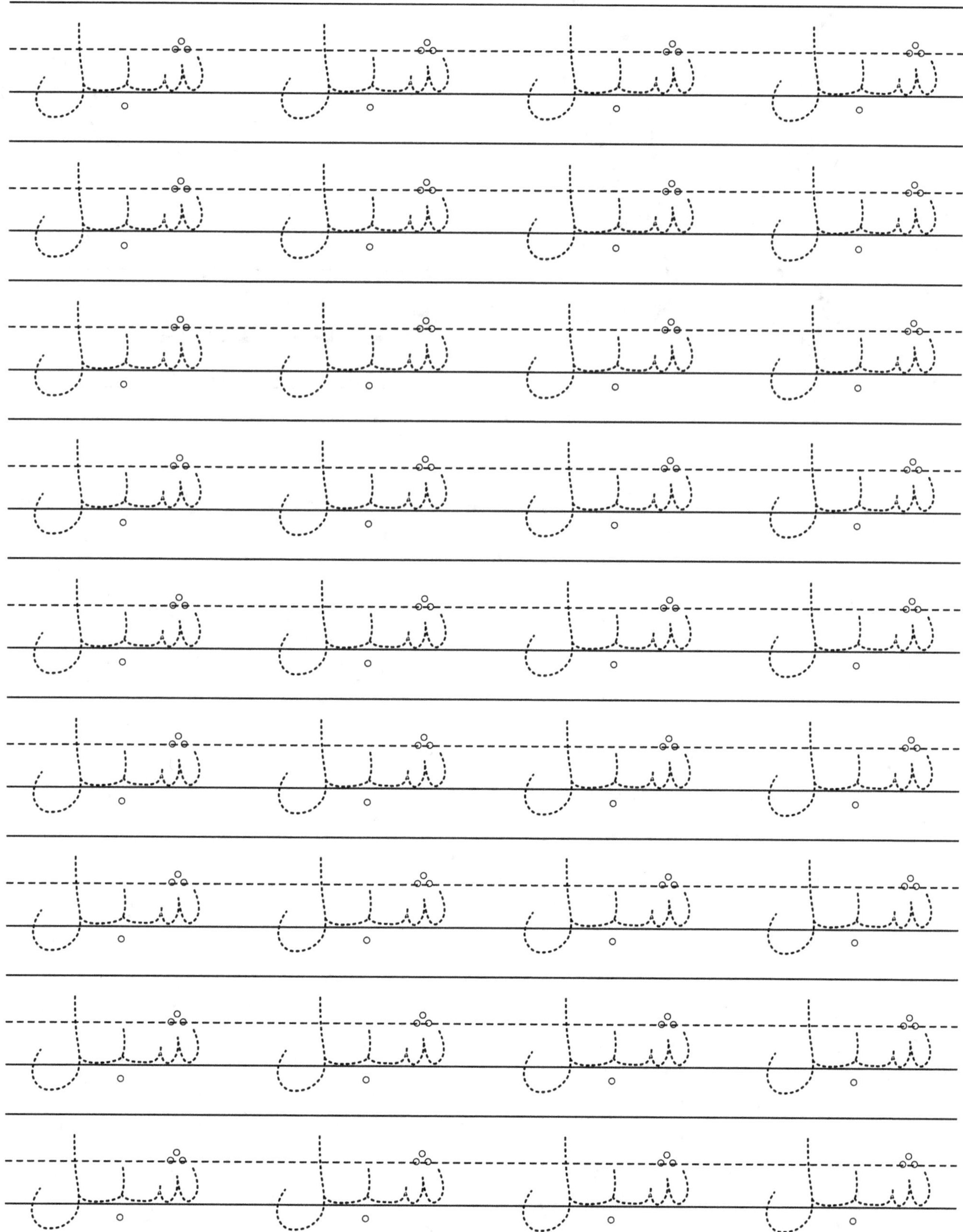

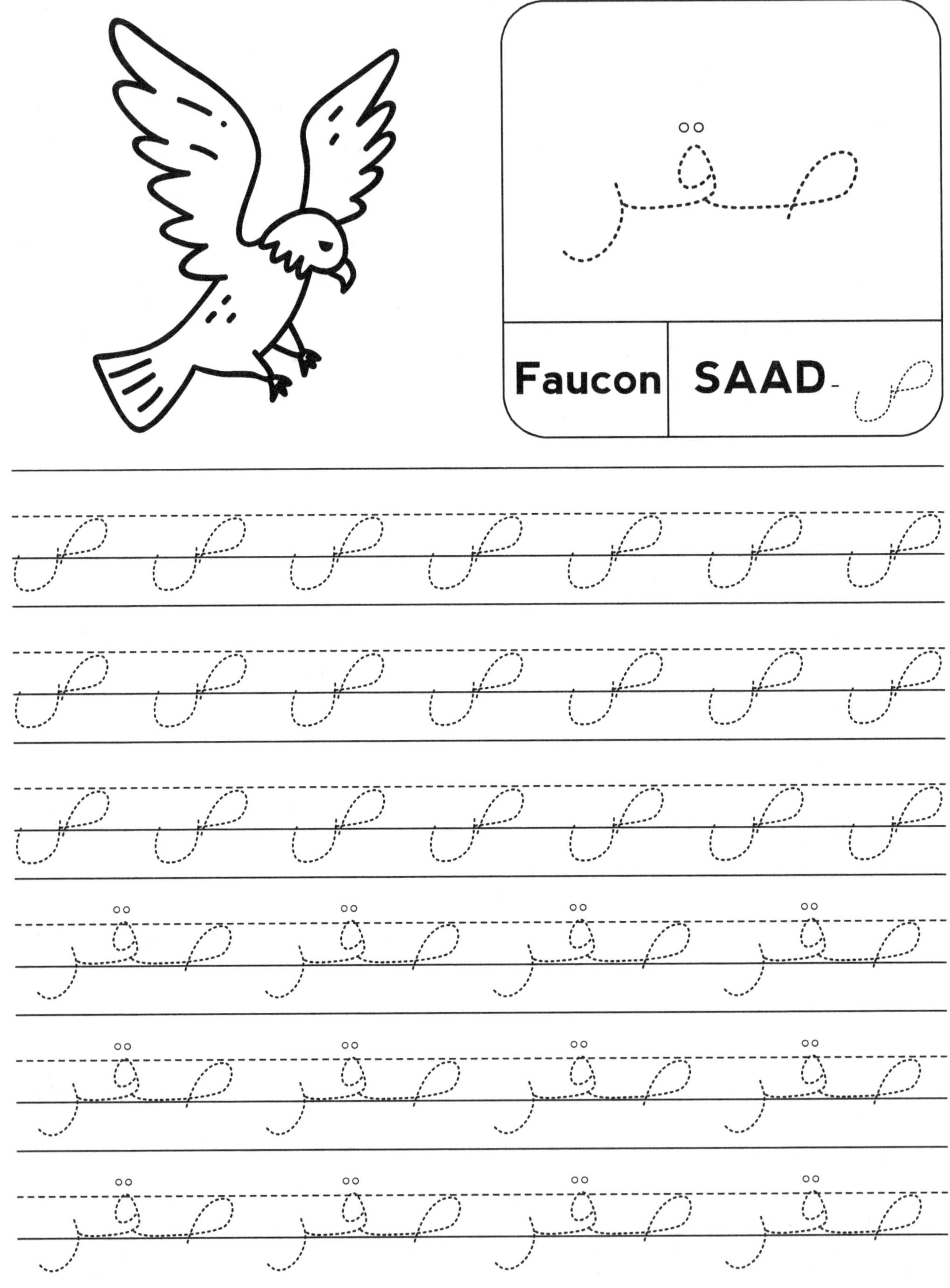

صقر
Faucon
SAAD- ص

f f f f f f f

f f f f f f f

f f f f f f f

f f f f f f f

f f f f f f f

f f f f f f f

f f f f f f f

f f f f f f f

f f f f f f f

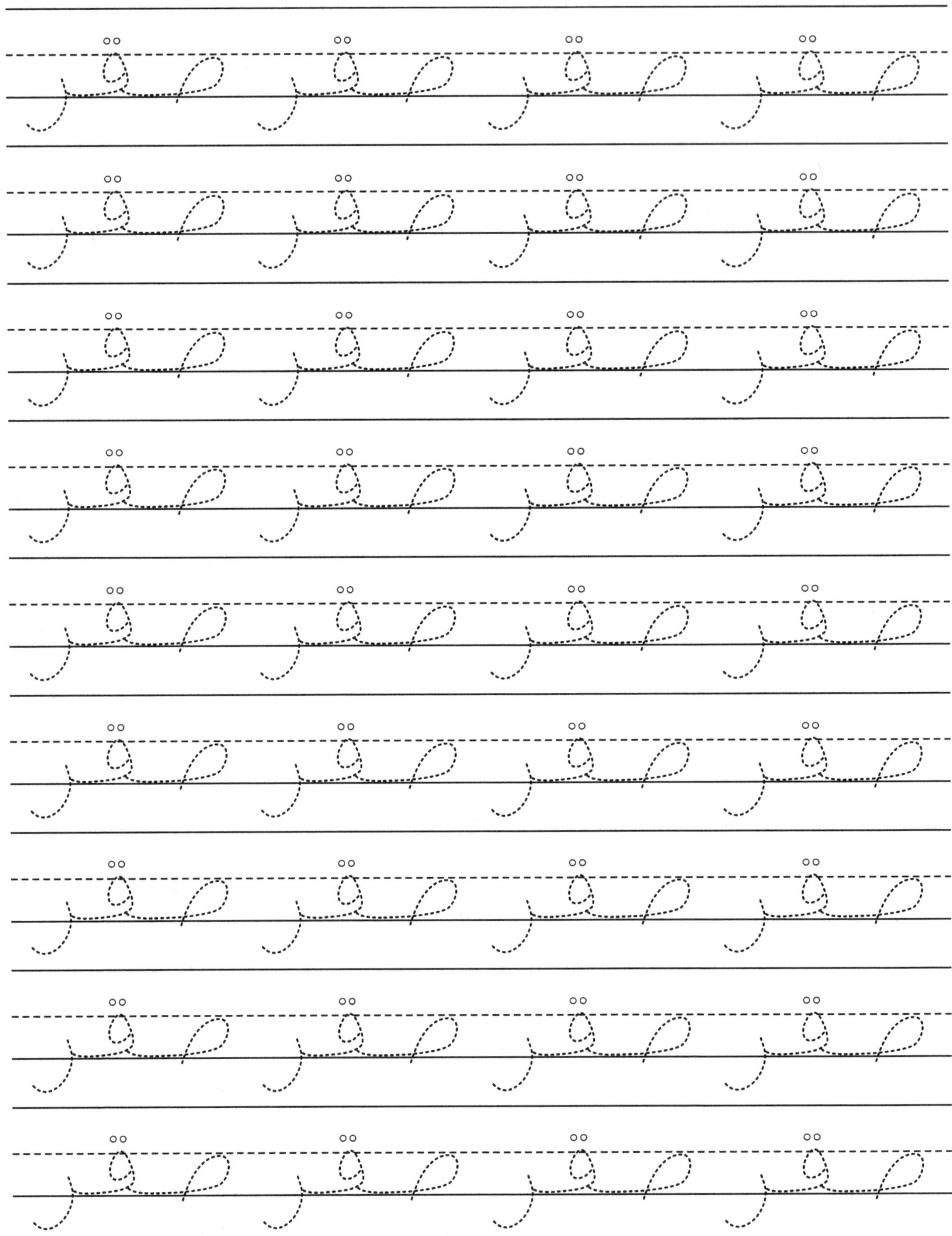

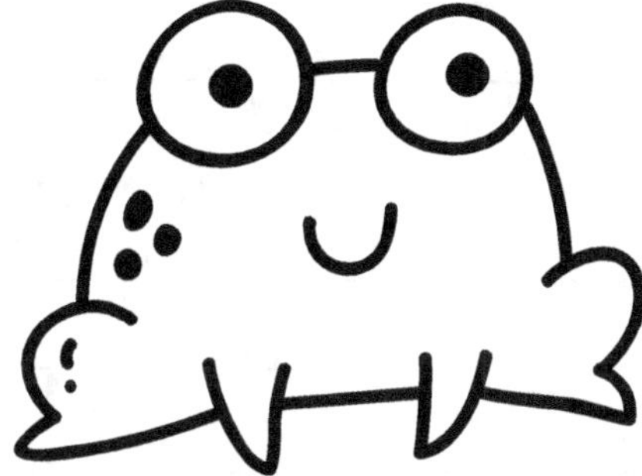

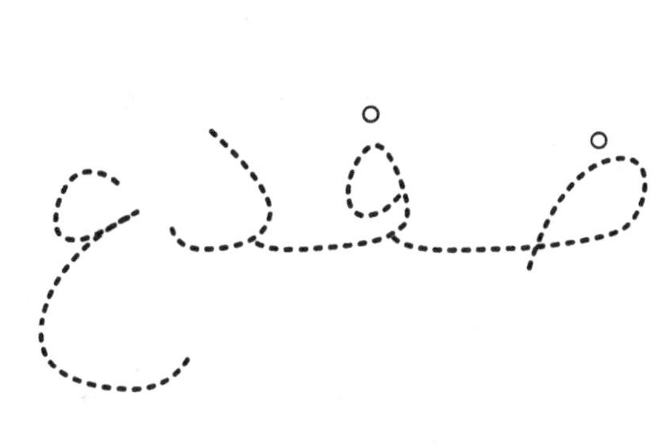

La grenouille | **DAAD** - ض

ض ض ض ض ض ض ض

ض ض ض ض ض ض ض

ض ض ض ض ض ض ض

ضفدع ضفدع ضفدع

ضفدع ضفدع ضفدع

ضفدع ضفدع ضفدع

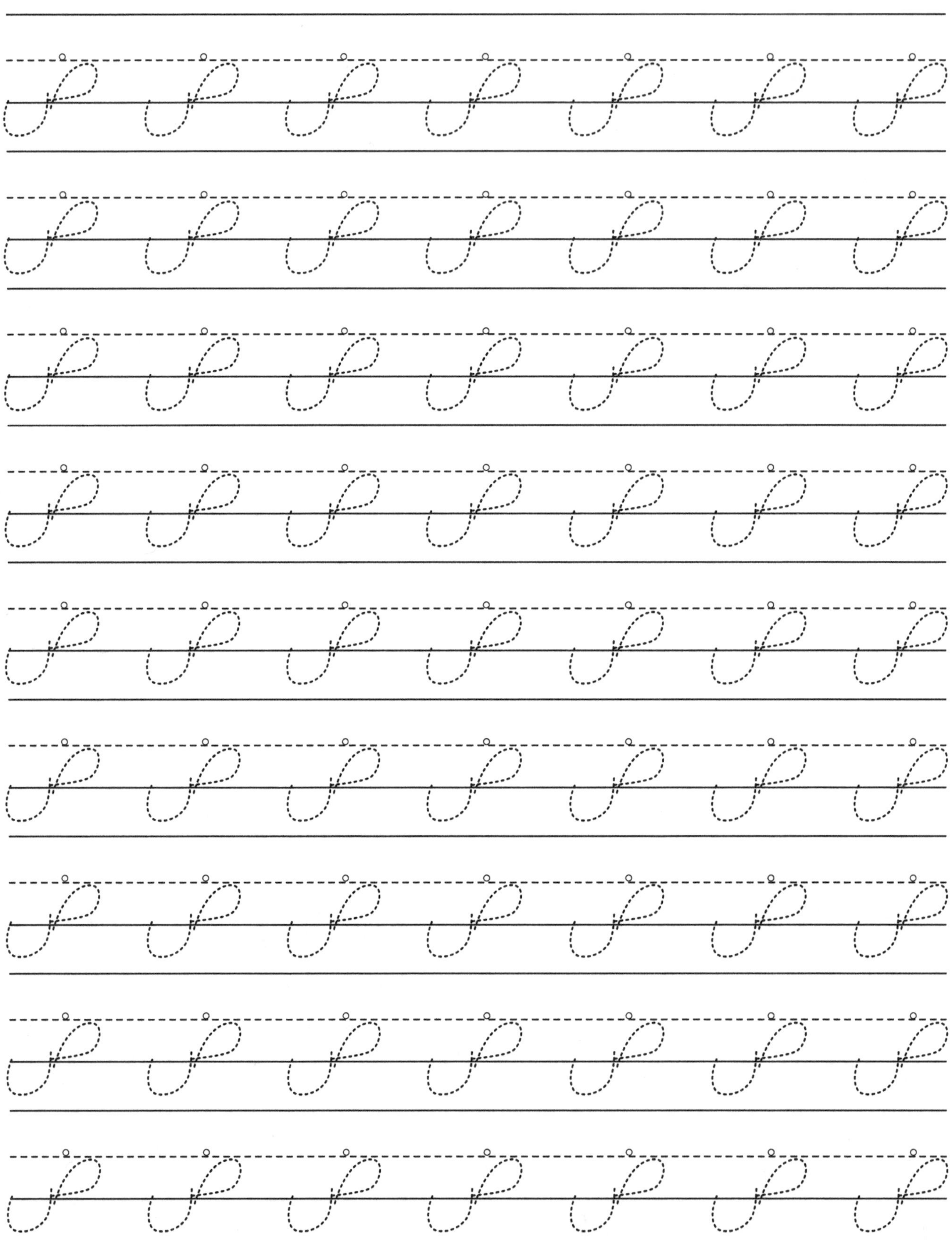

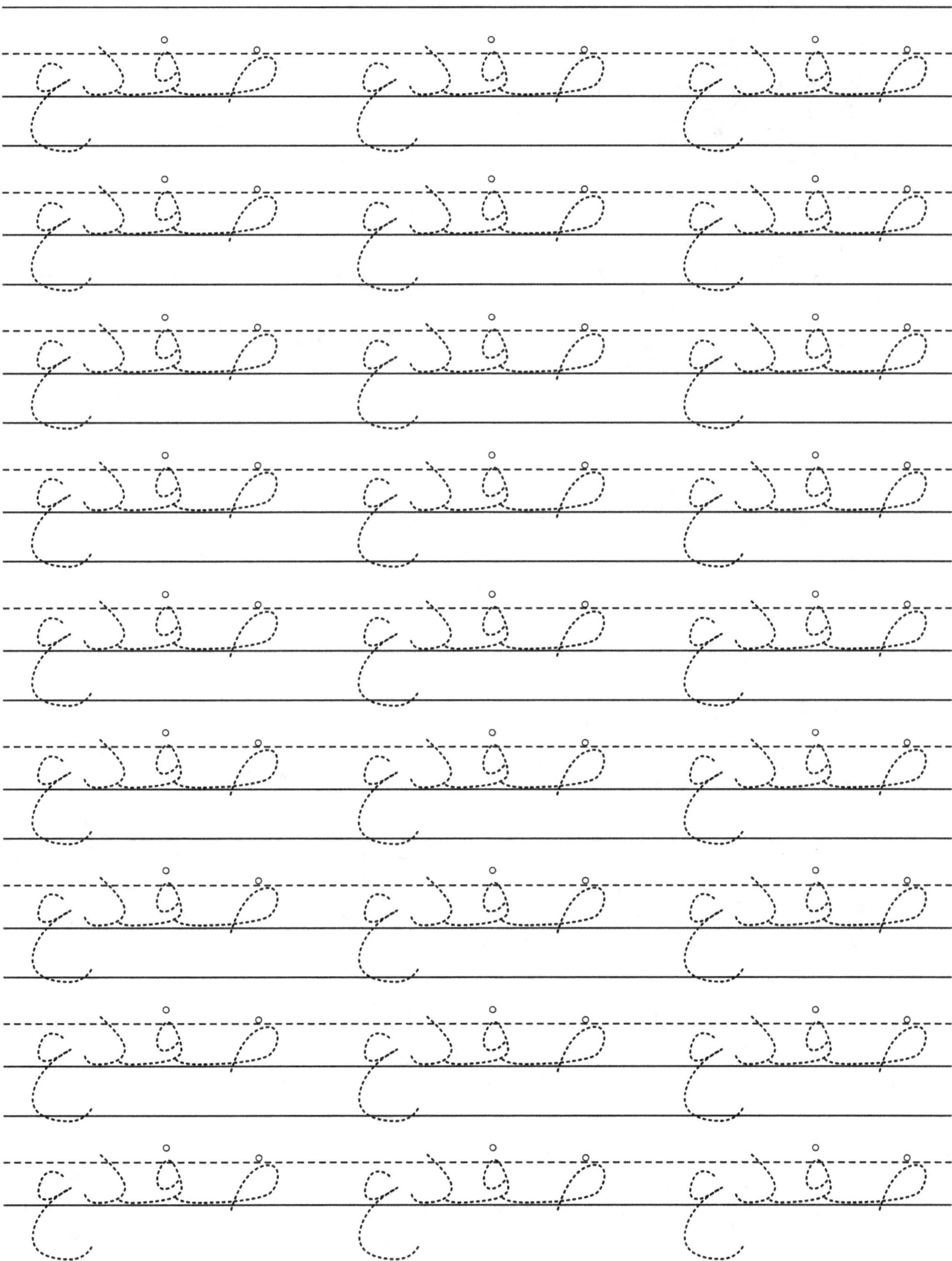

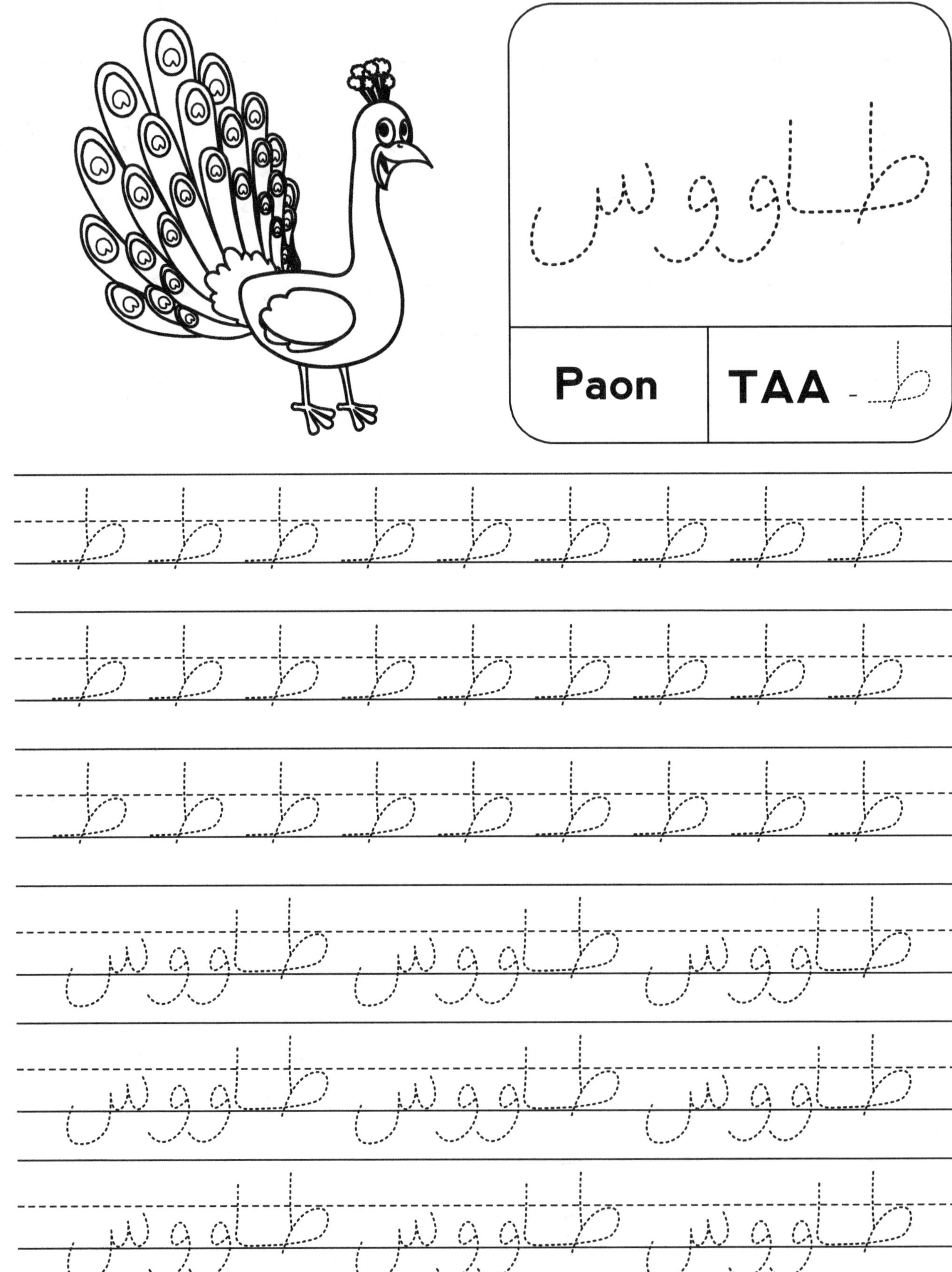
طاووس
Paon
TAA - ط

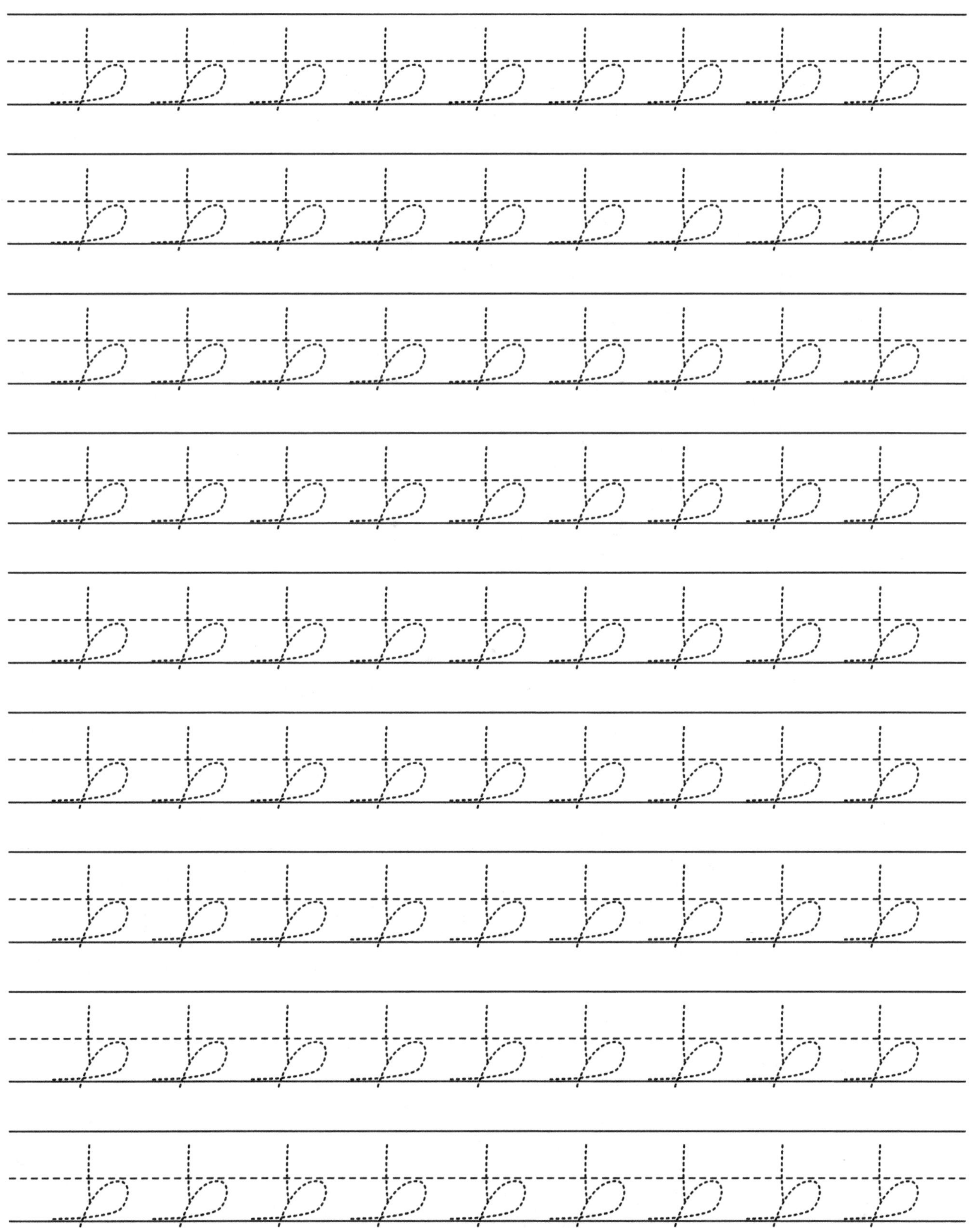

طاووس طاووس طاووس
طاووس طاووس طاووس
طاووس طاووس طاووس
طاووس طاووس طاووس
طاووس طاووس طاووس
طاووس طاووس طاووس
طاووس طاووس طاووس
طاووس طاووس طاووس
طاووس طاووس طاووس

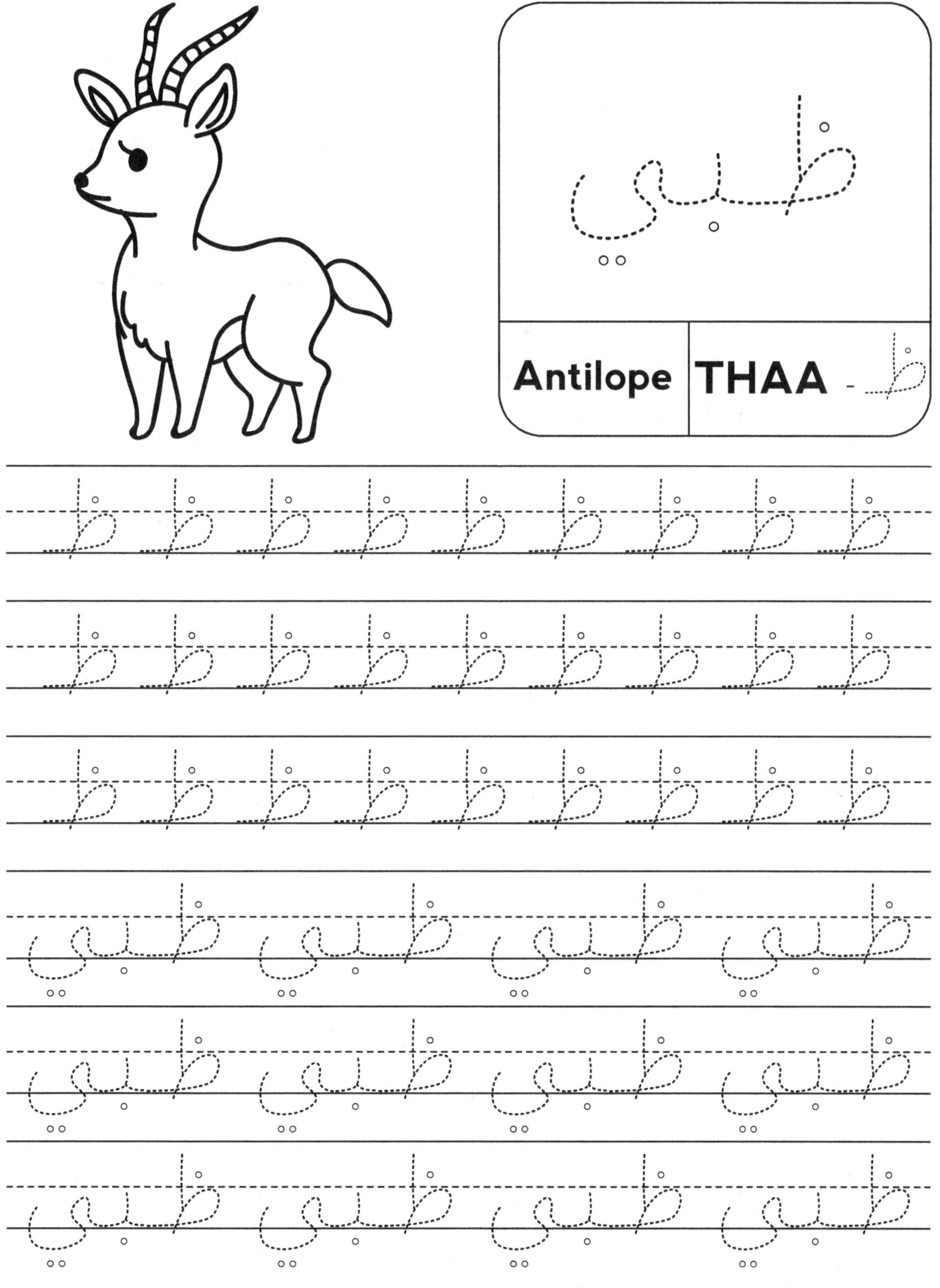

ظبي
Antilope
THAA - ظ

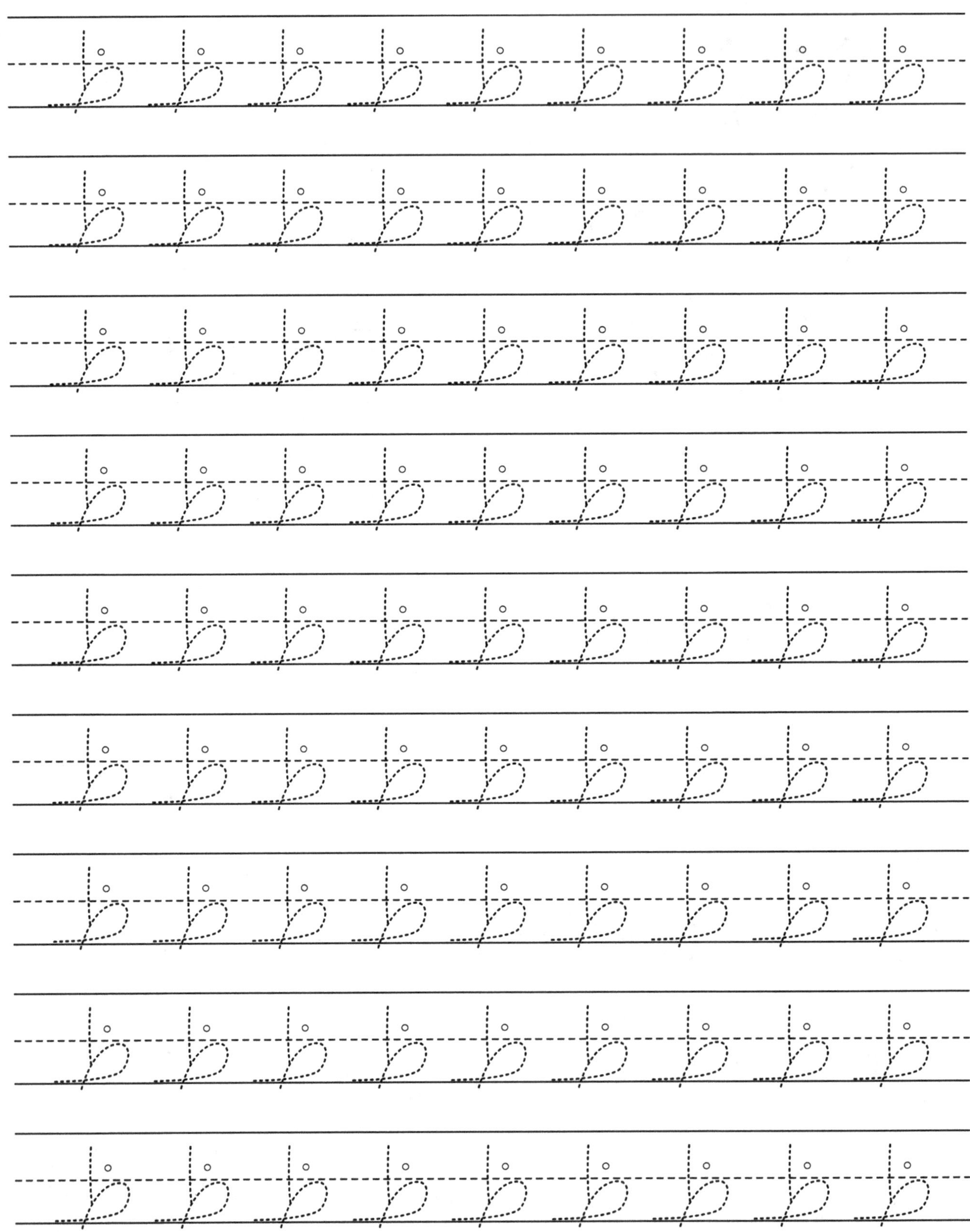

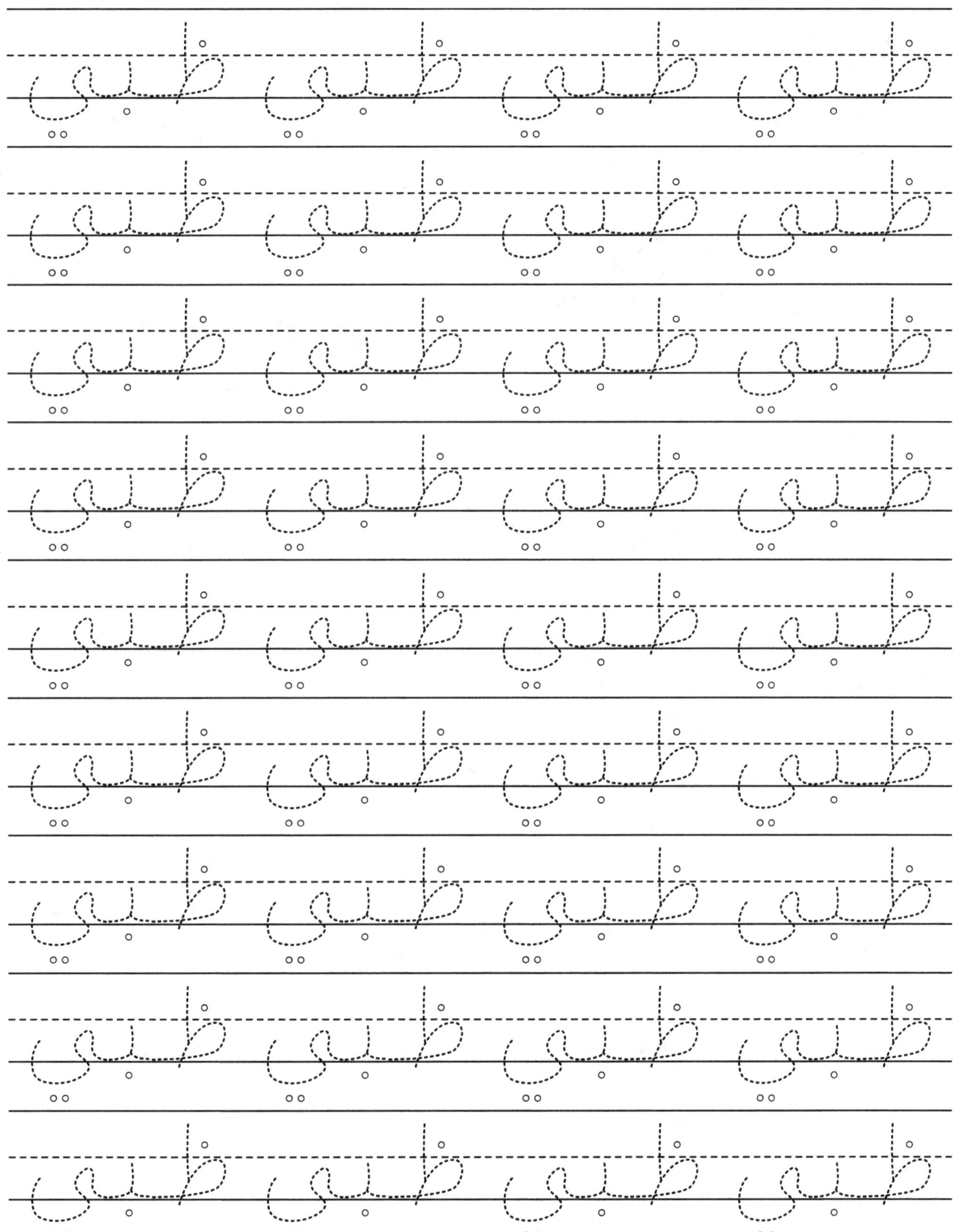

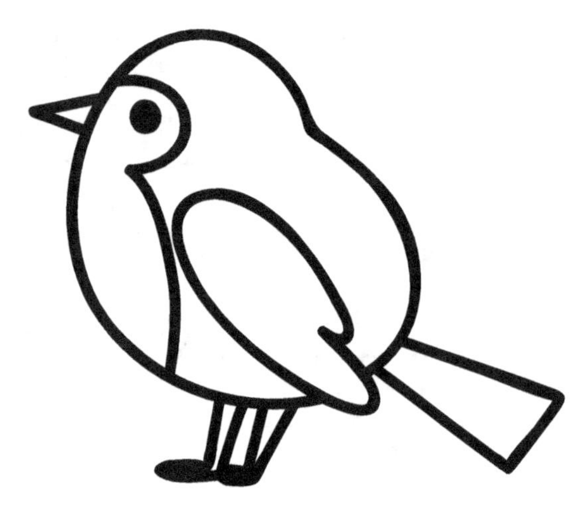

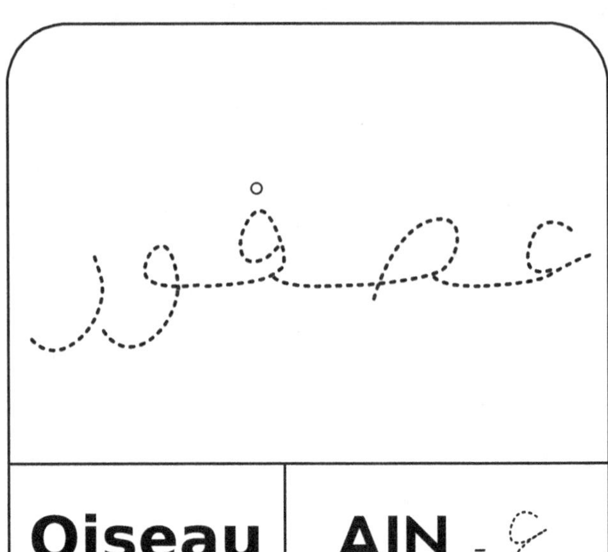

ع ع ع ع ع ع ع ع ع ع ع ع ع

ع ع ع ع ع ع ع ع ع ع ع ع ع

ع ع ع ع ع ع ع ع ع ع ع ع ع

عصفور عصفور عصفور

عصفور عصفور عصفور

عصفور عصفور عصفور

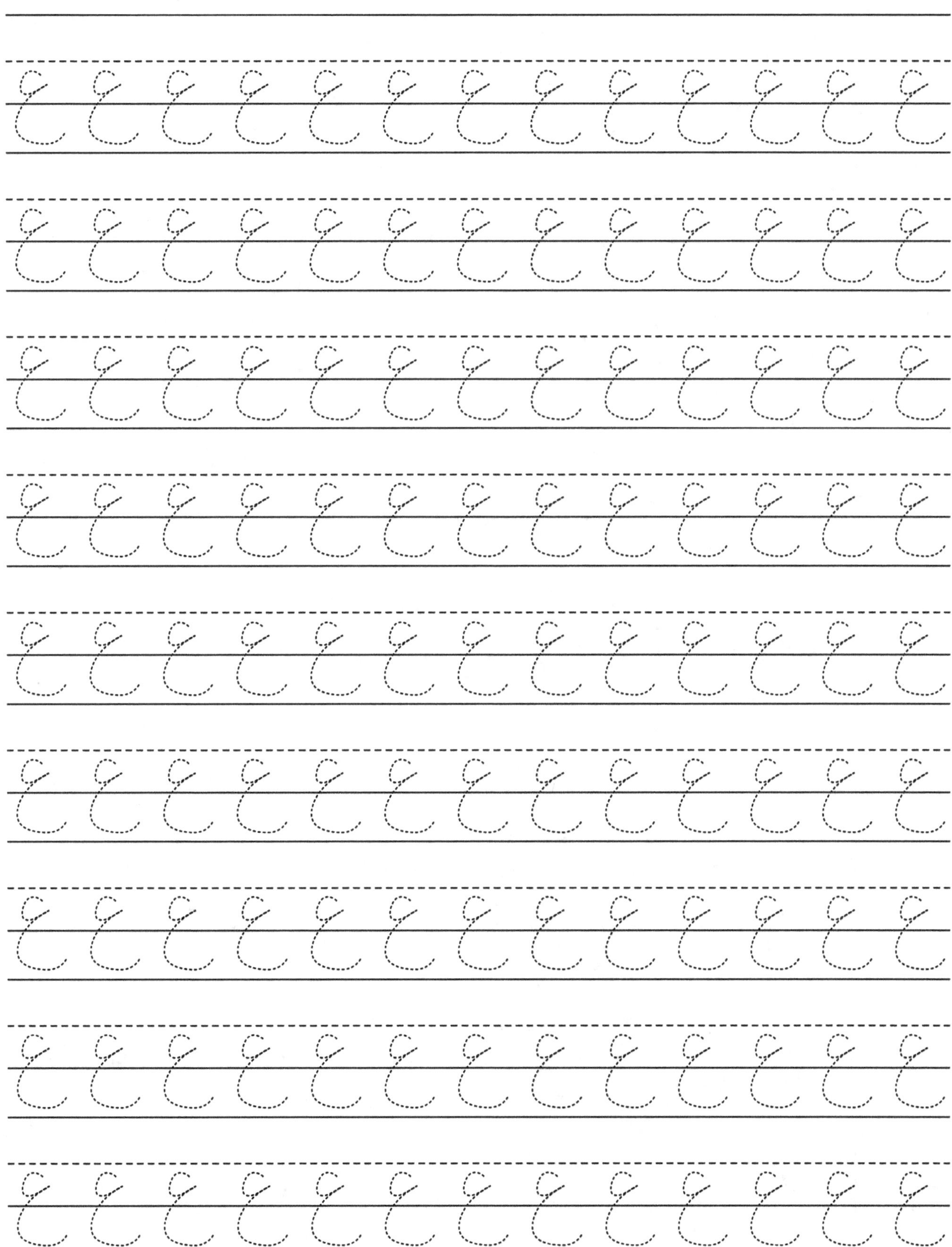

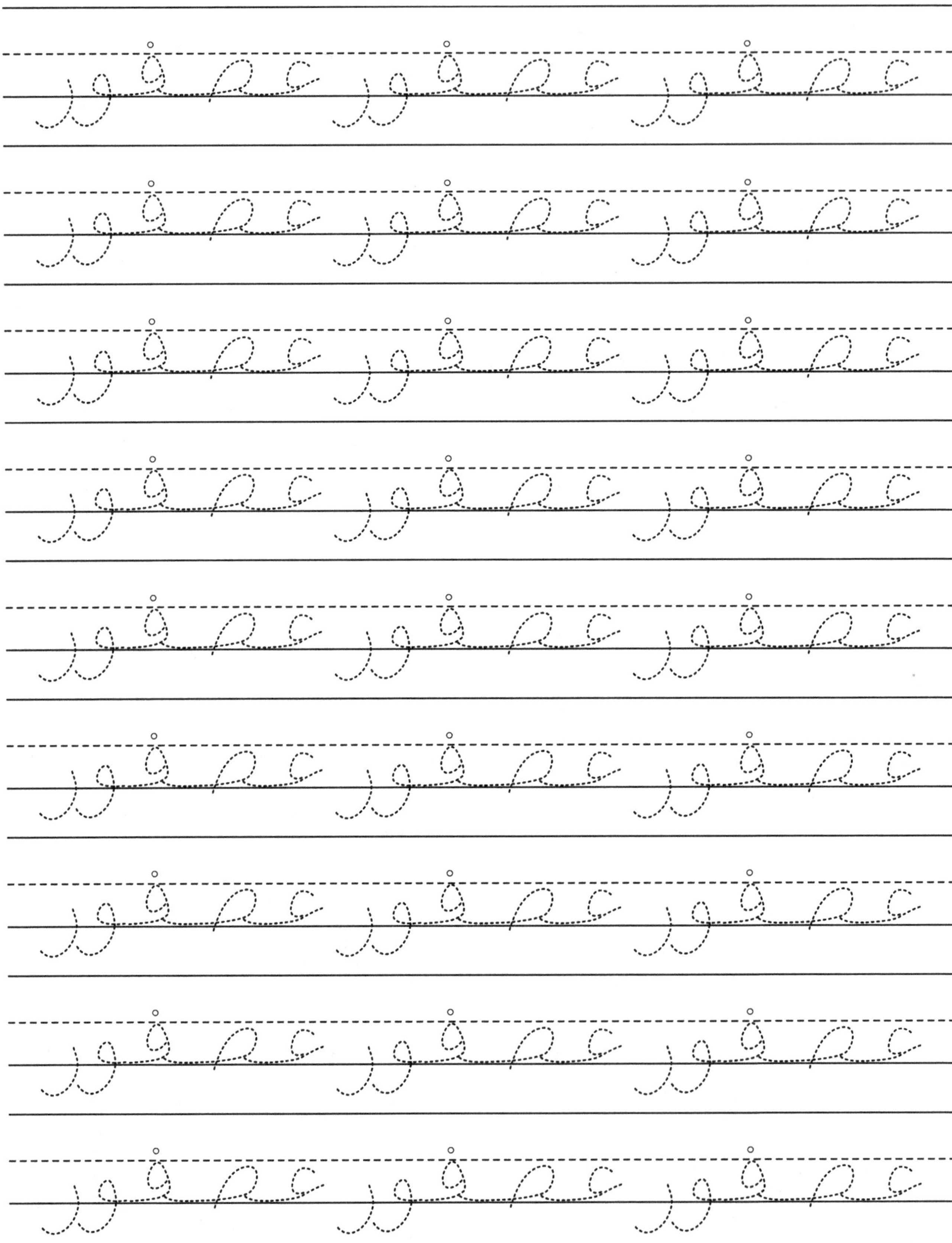
عصفور عصفور عصفور
عصفور عصفور عصفور
عصفور عصفور عصفور
عصفور عصفور عصفور
عصفور عصفور عصفور
عصفور عصفور عصفور
عصفور عصفور عصفور
عصفور عصفور عصفور
عصفور عصفور عصفور

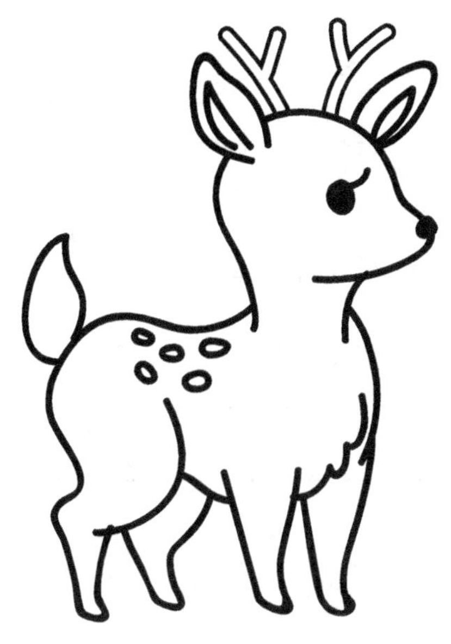

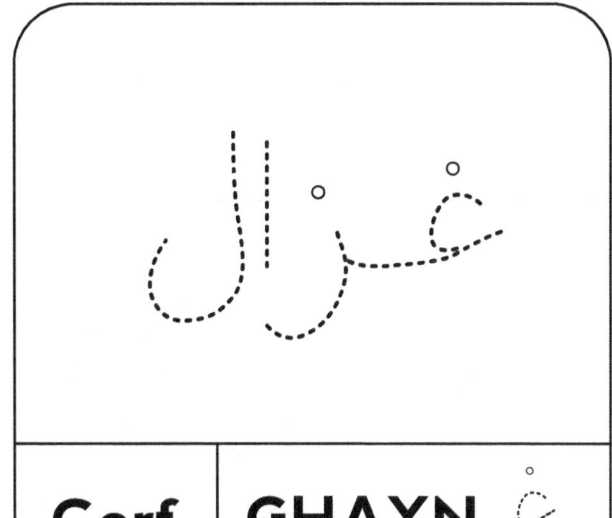

غ غ غ غ غ غ غ غ غ غ غ غ غ

غ غ غ غ غ غ غ غ غ غ غ غ غ

غ غ غ غ غ غ غ غ غ غ غ غ غ

غزال غزال غزال غزال

غزال غزال غزال غزال

غزال غزال غزال غزال

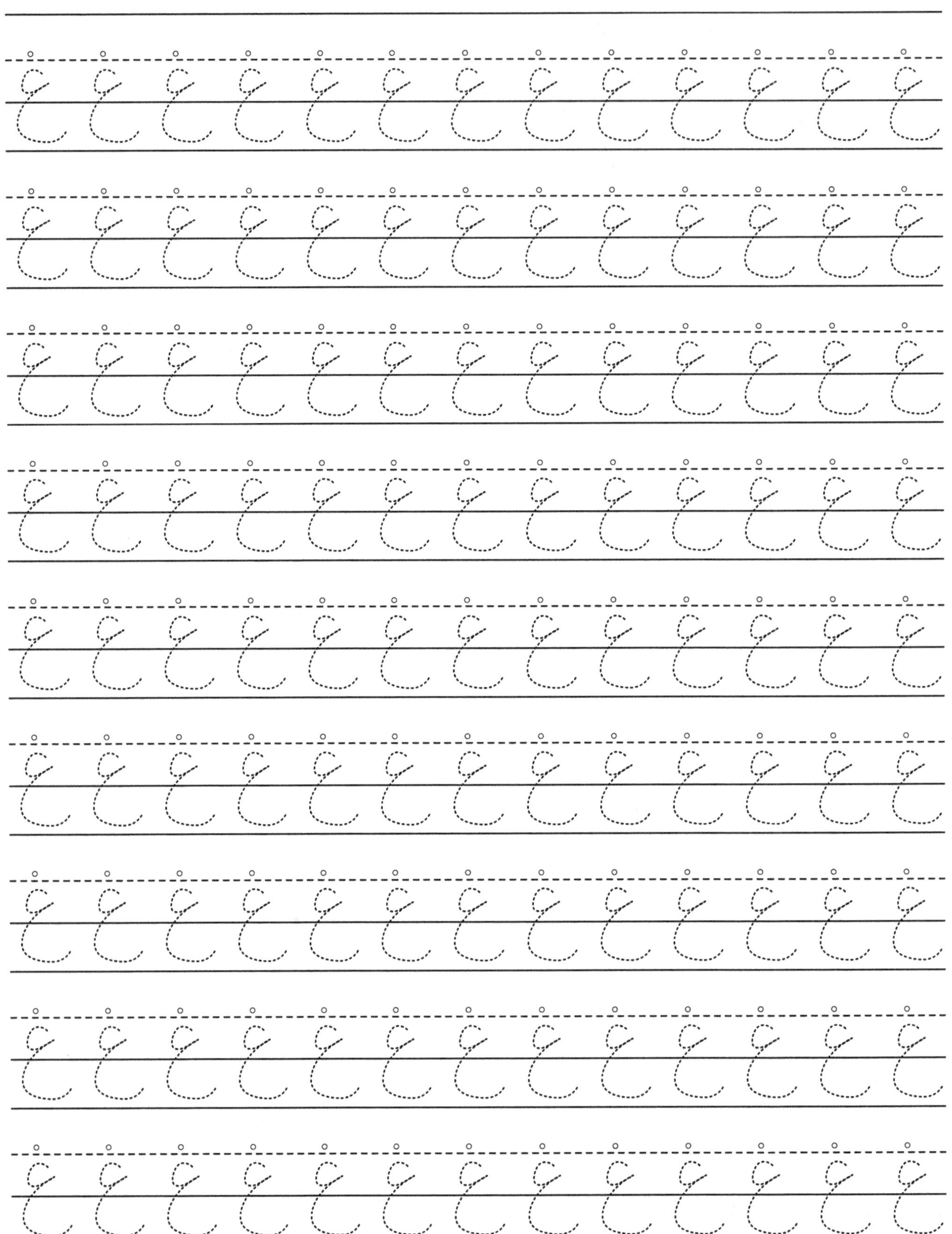

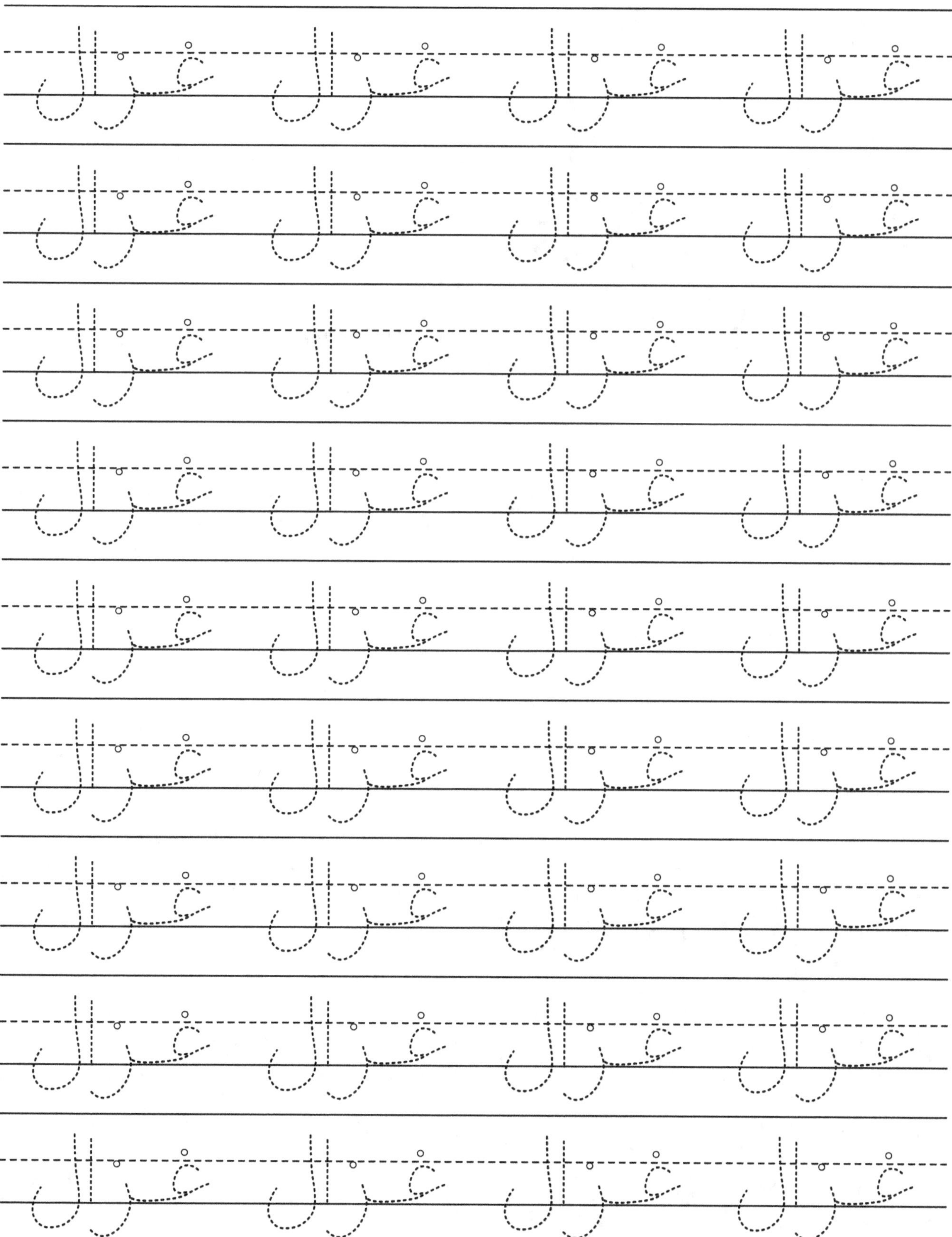
غزال غزال غزال غزال
غزال غزال غزال غزال
غزال غزال غزال غزال
غزال غزال غزال غزال
غزال غزال غزال غزال
غزال غزال غزال غزال
غزال غزال غزال غزال
غزال غزال غزال غزال
غزال غزال غزال غزال

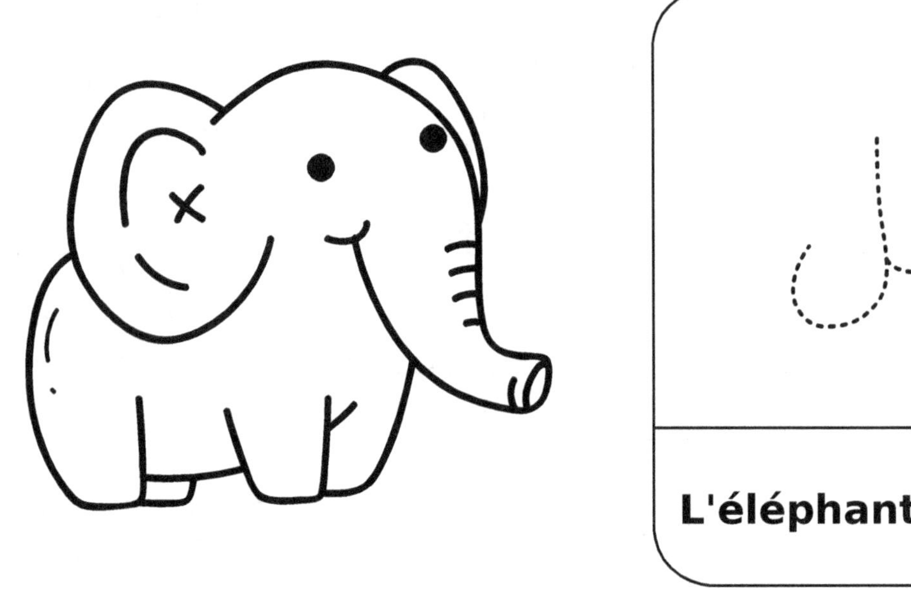

فيل

L'éléphant

FAA - ف

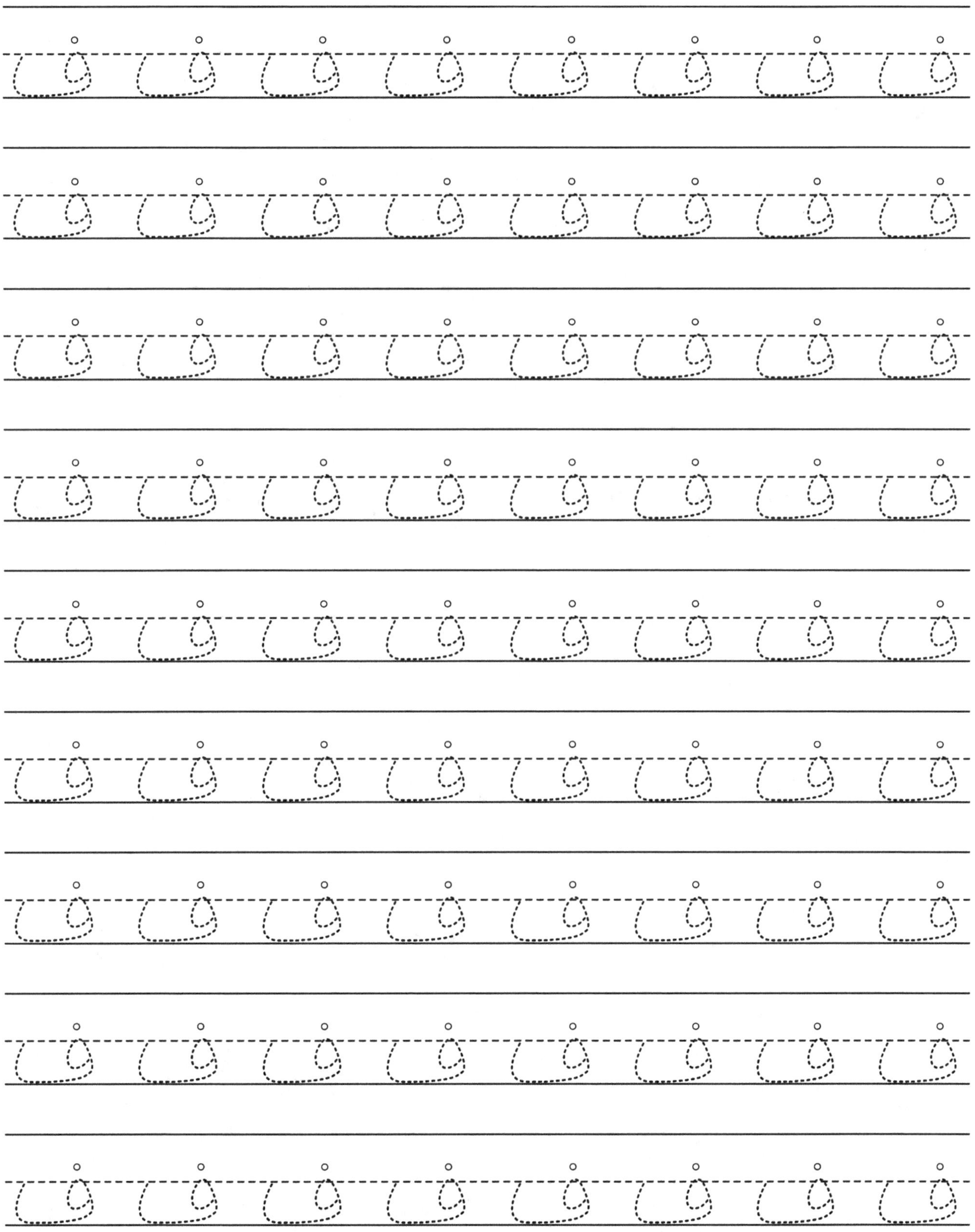

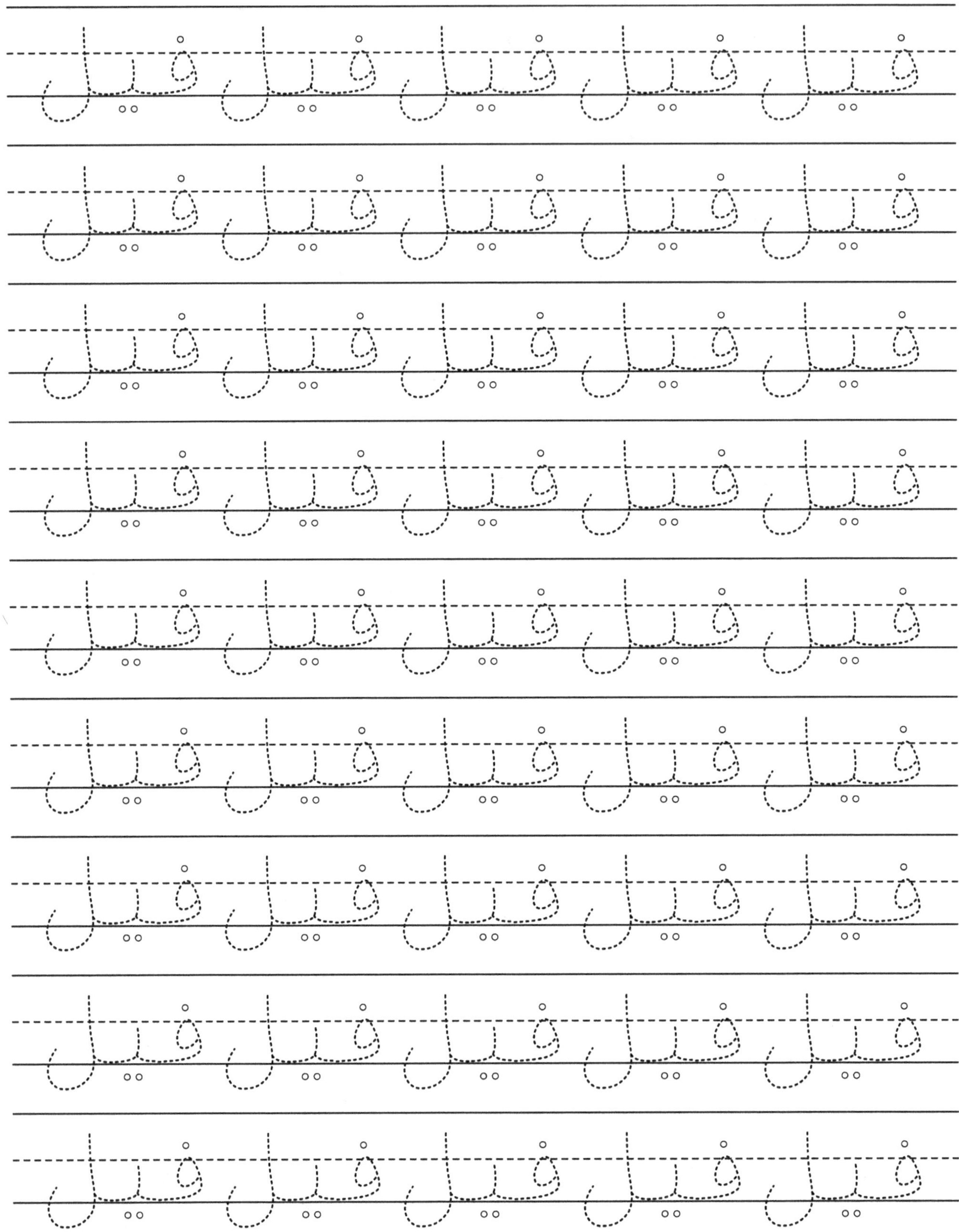

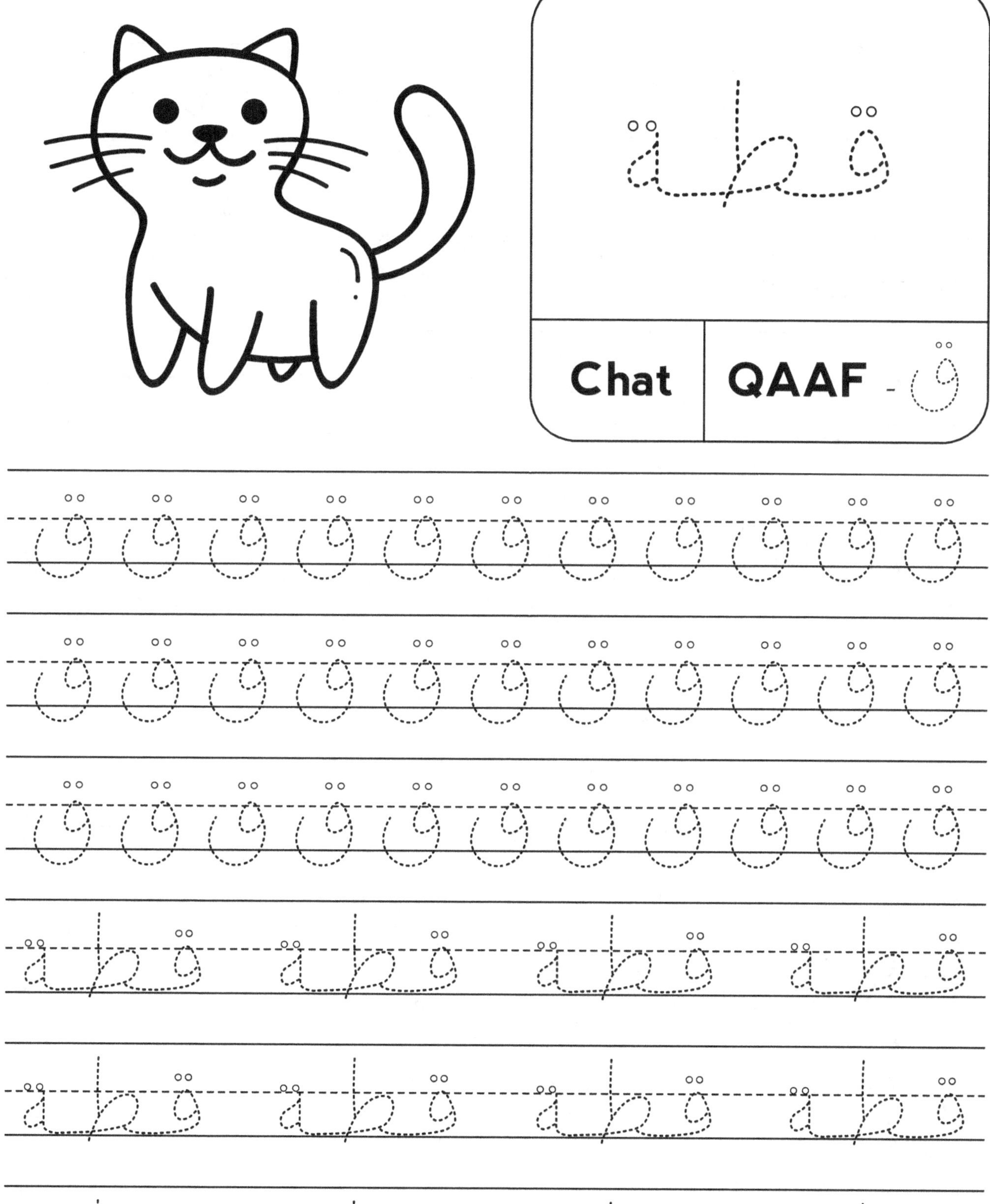

قطة
Chat
QAAF - ق

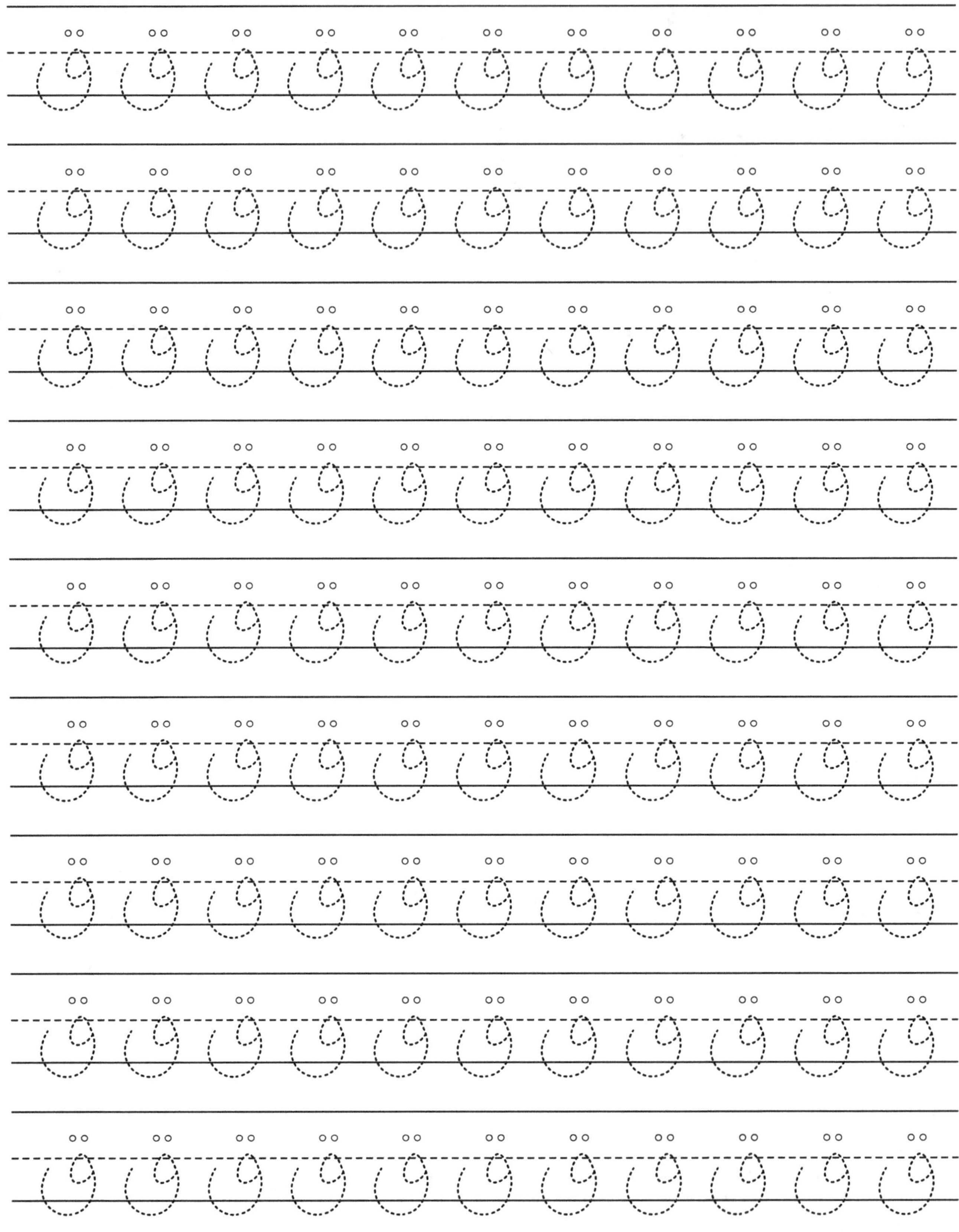

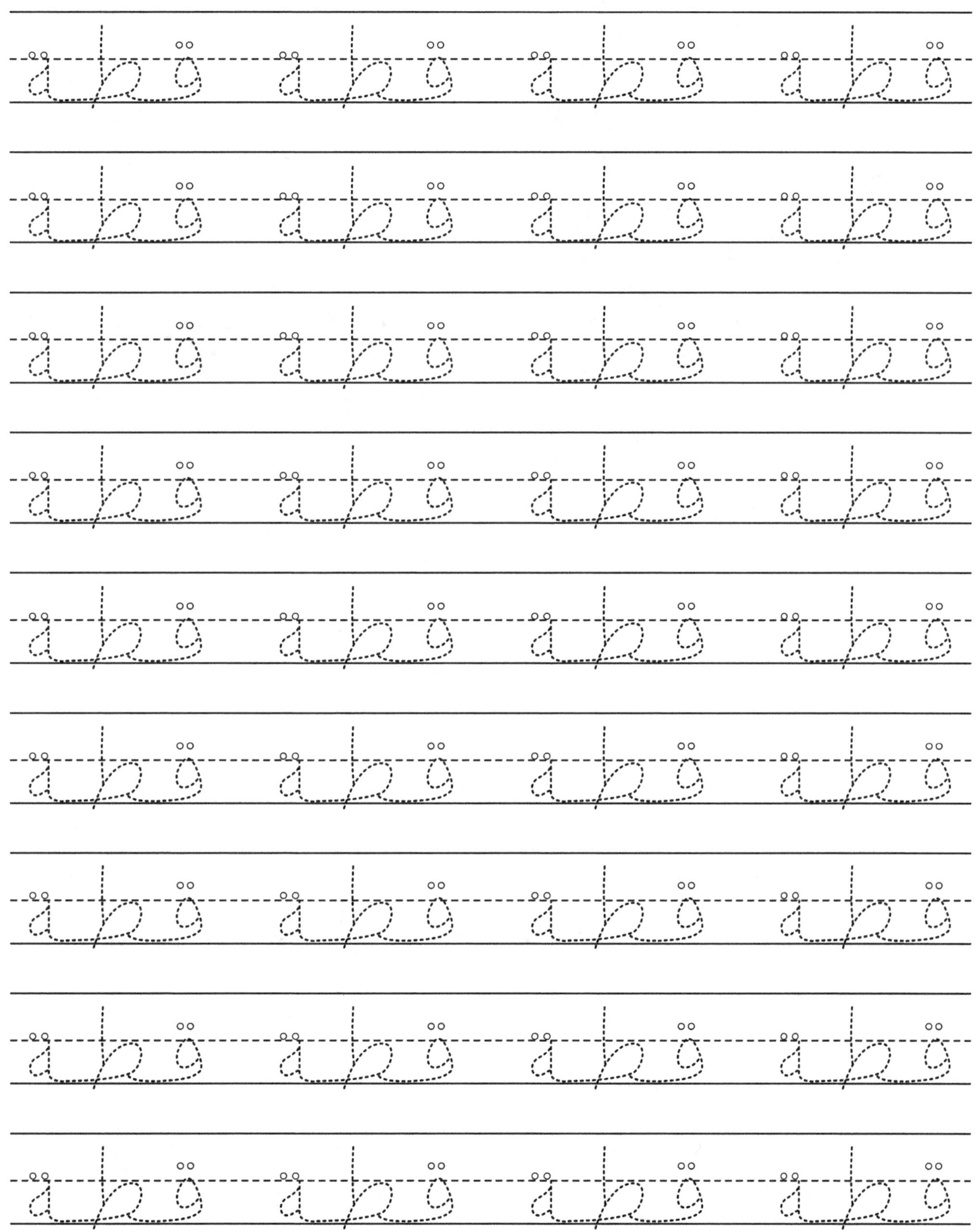

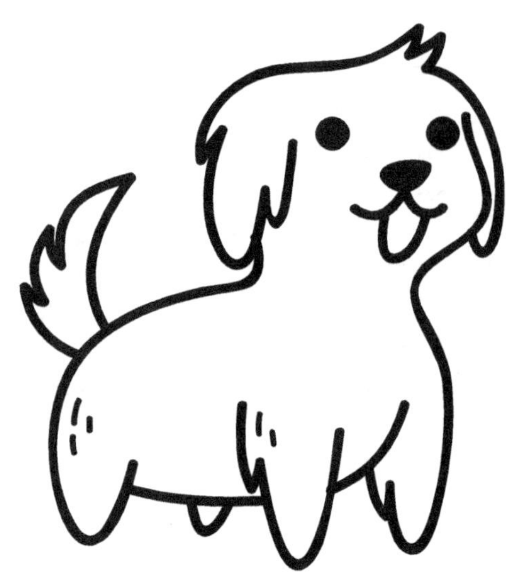

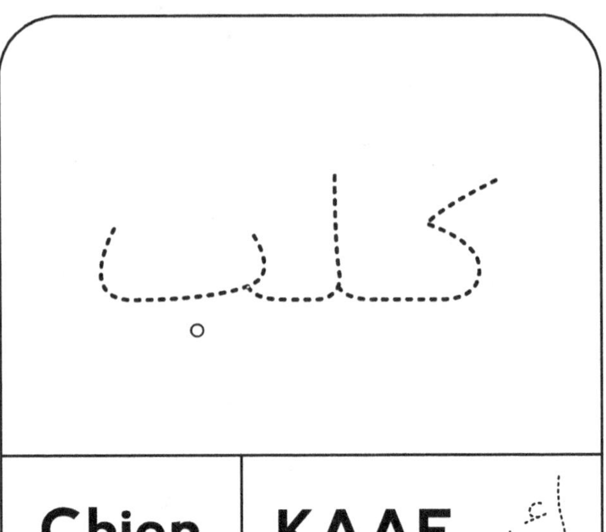
كلب
Chien
KAAF - ك

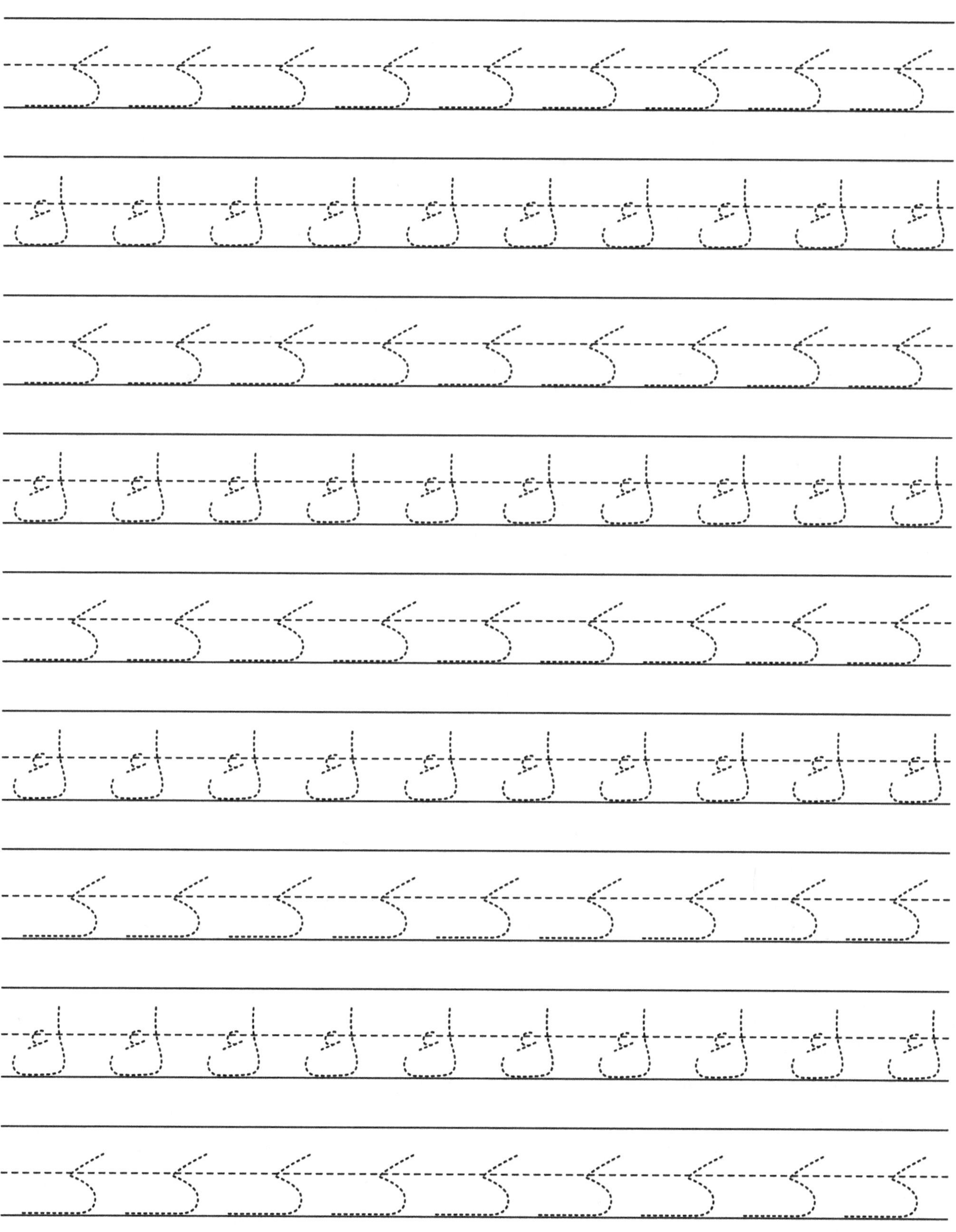

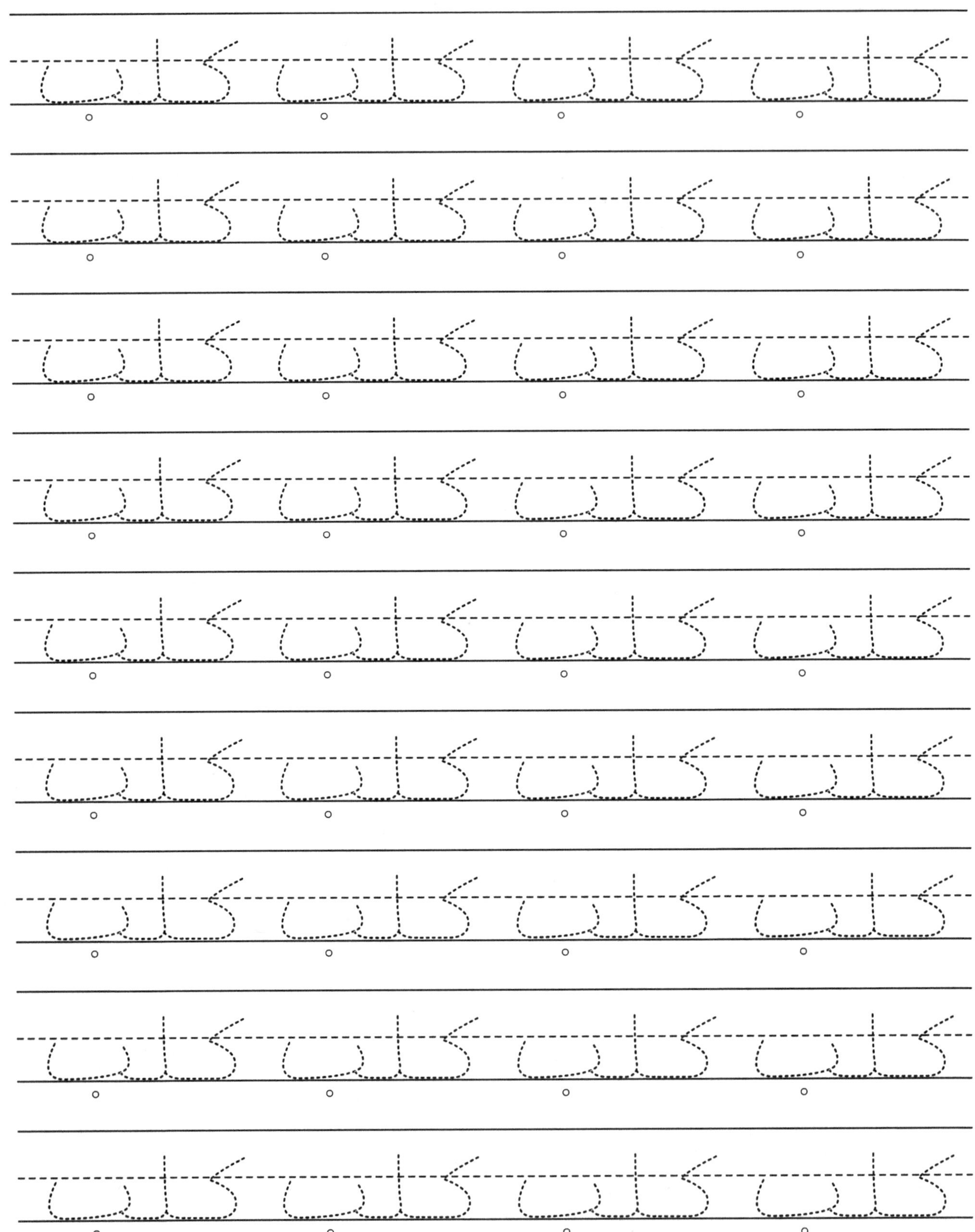

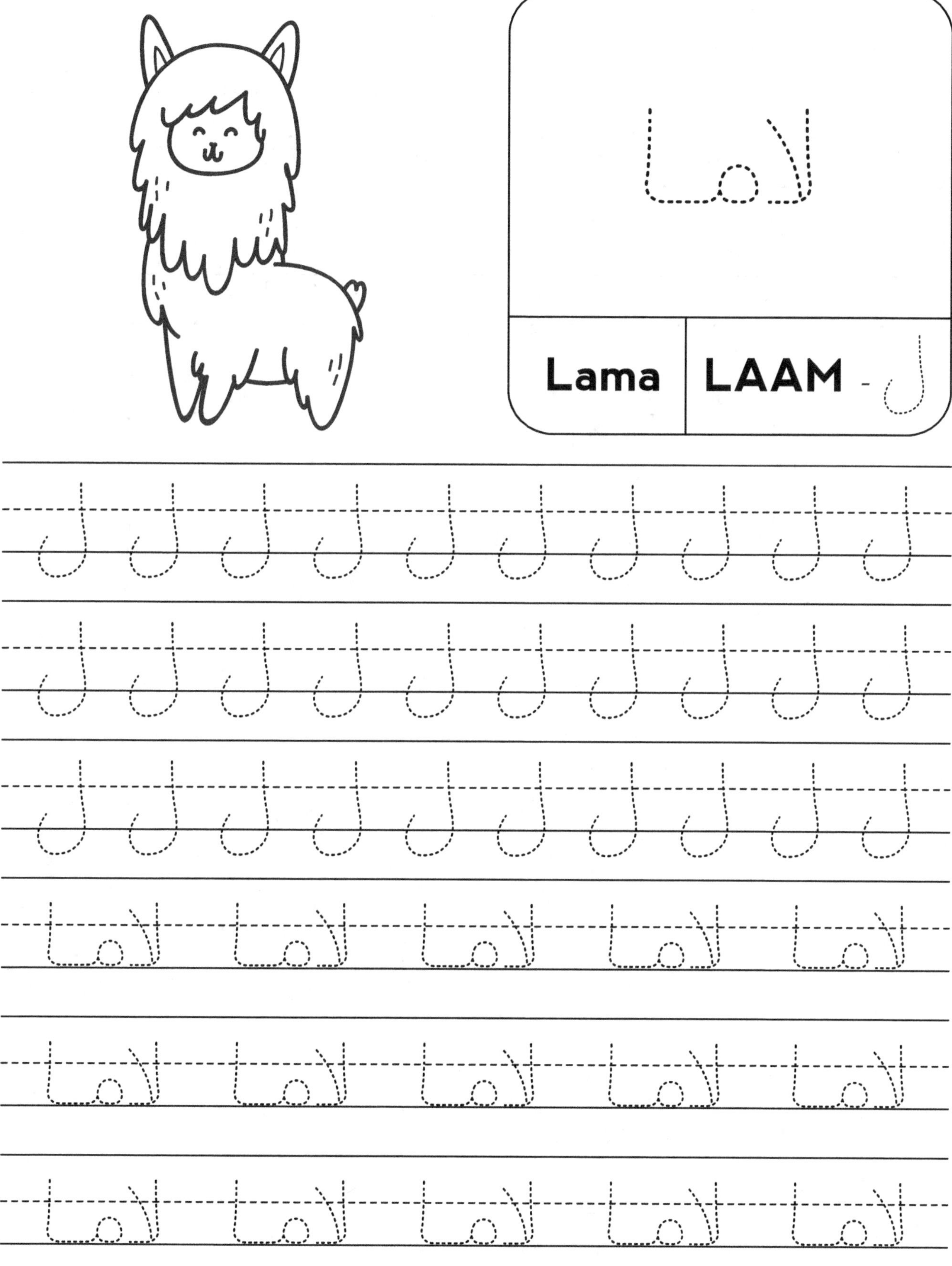
Lama
LAAM - ل

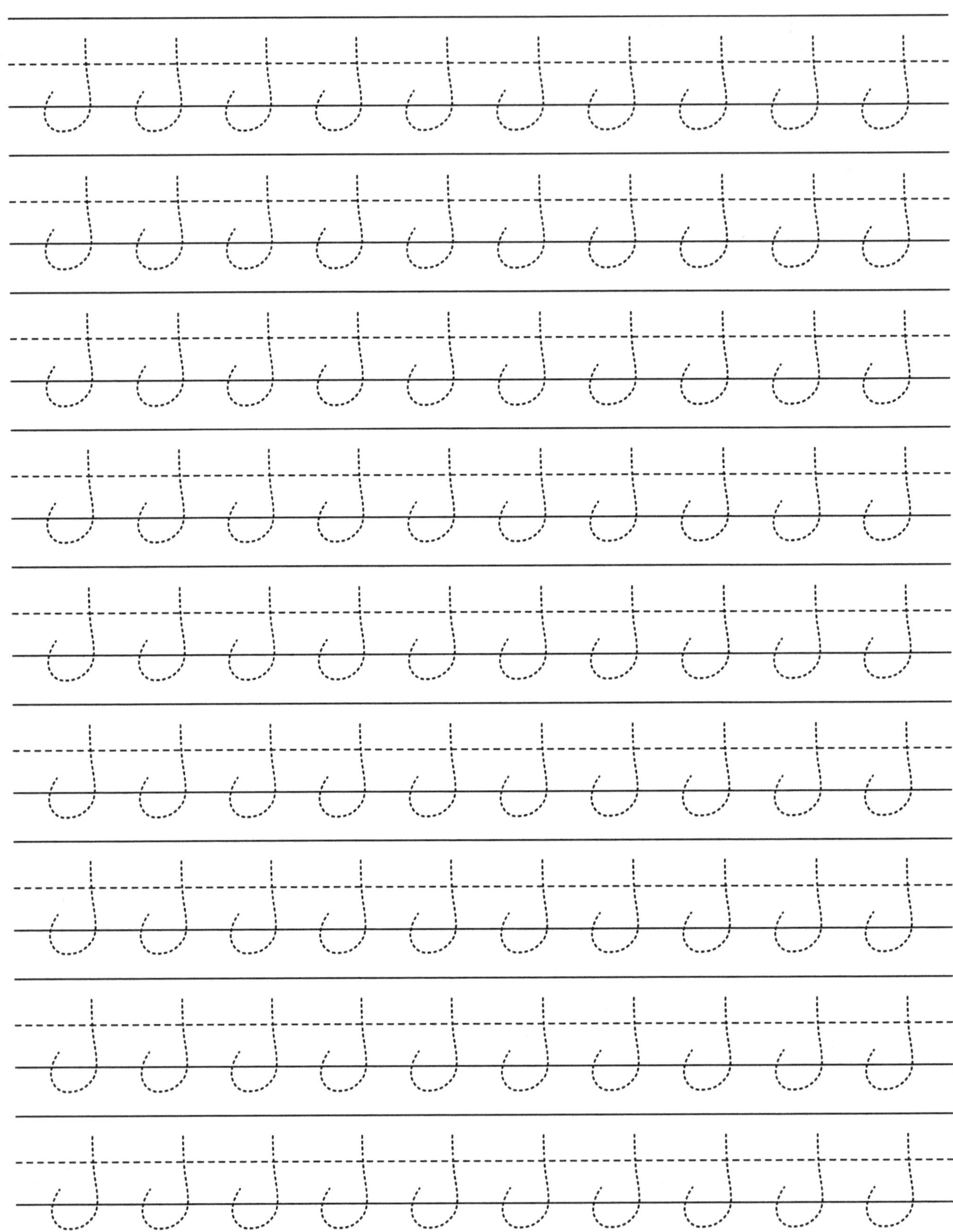

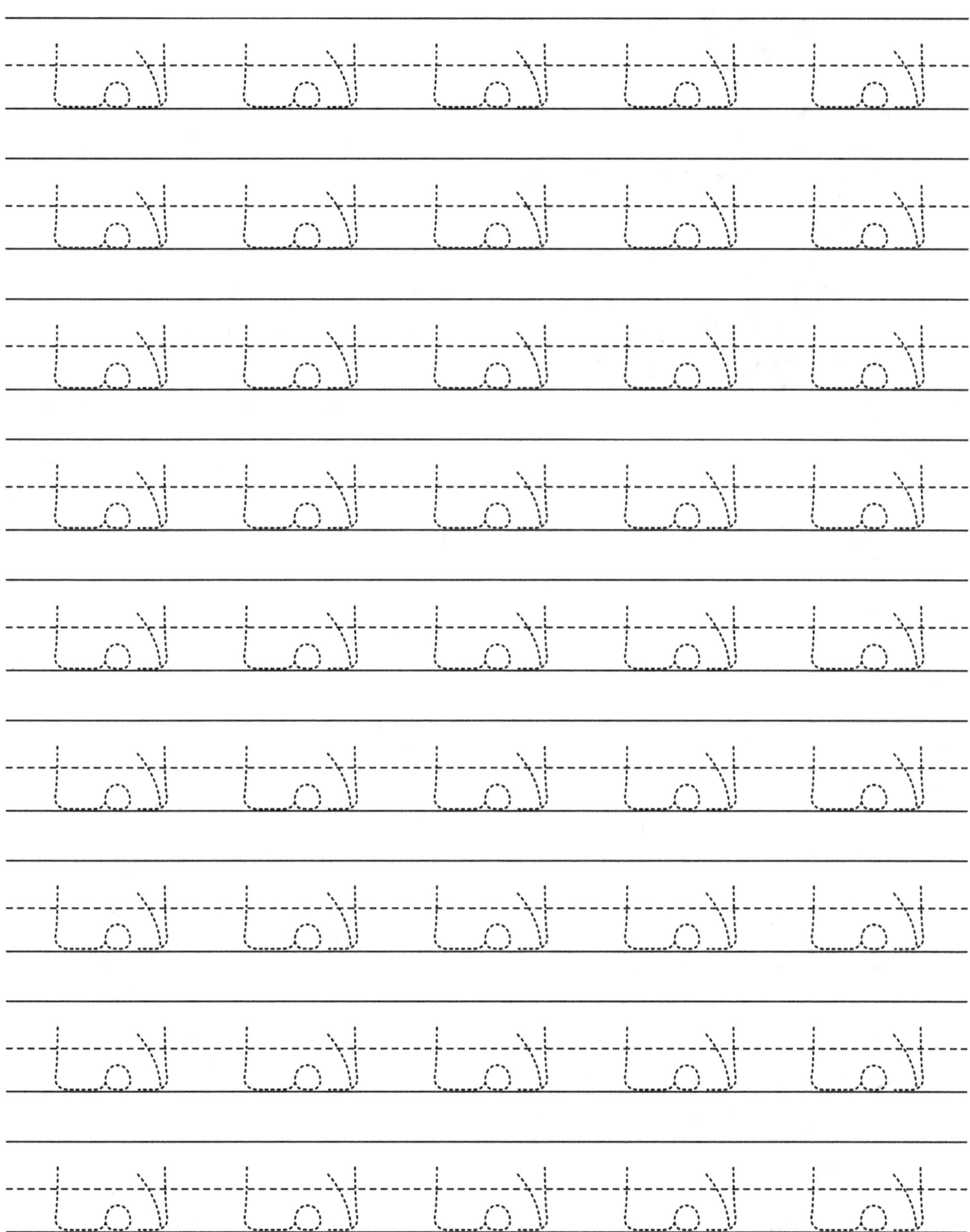

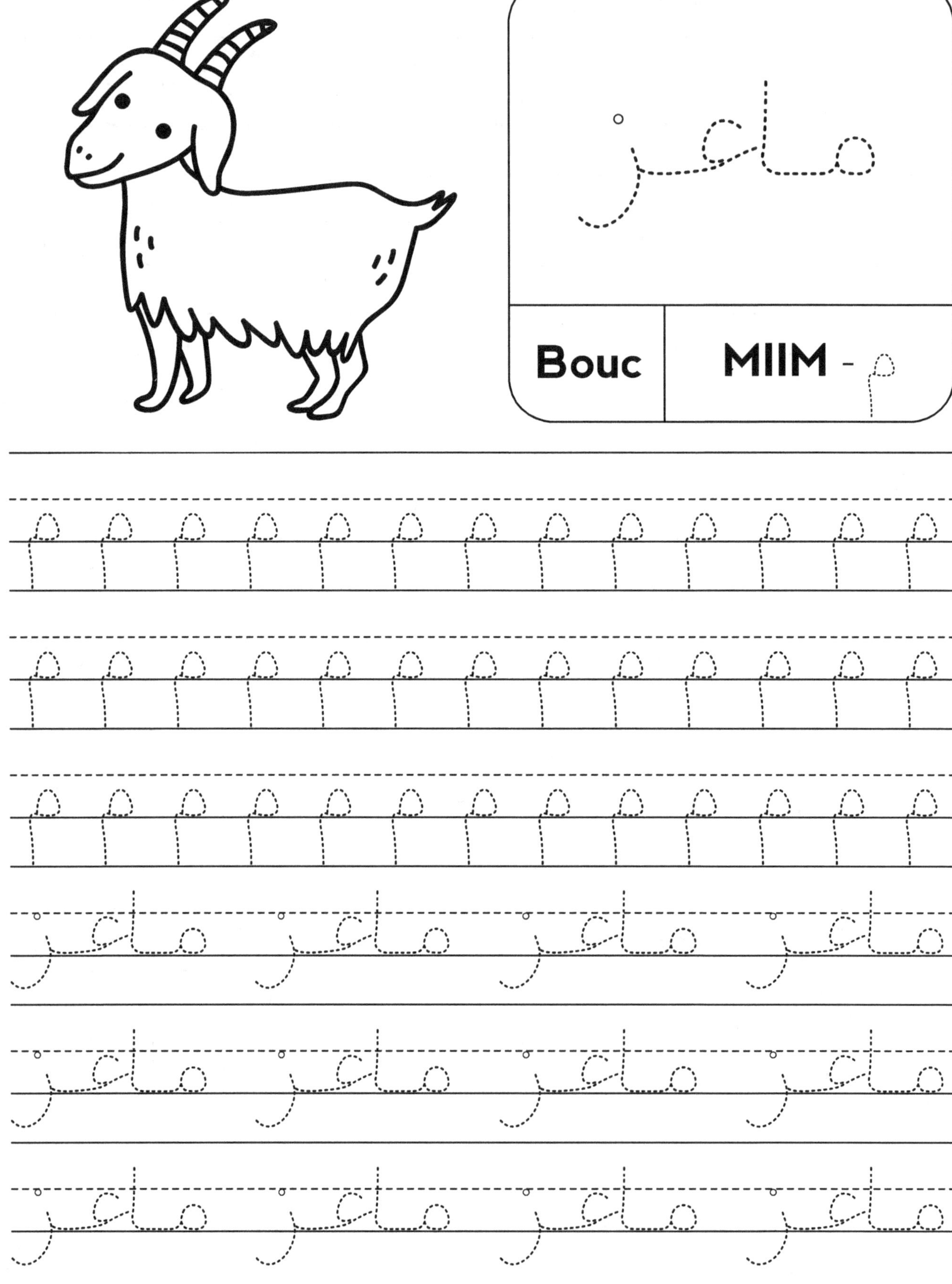
ماعز
Bouc
MIIM - م

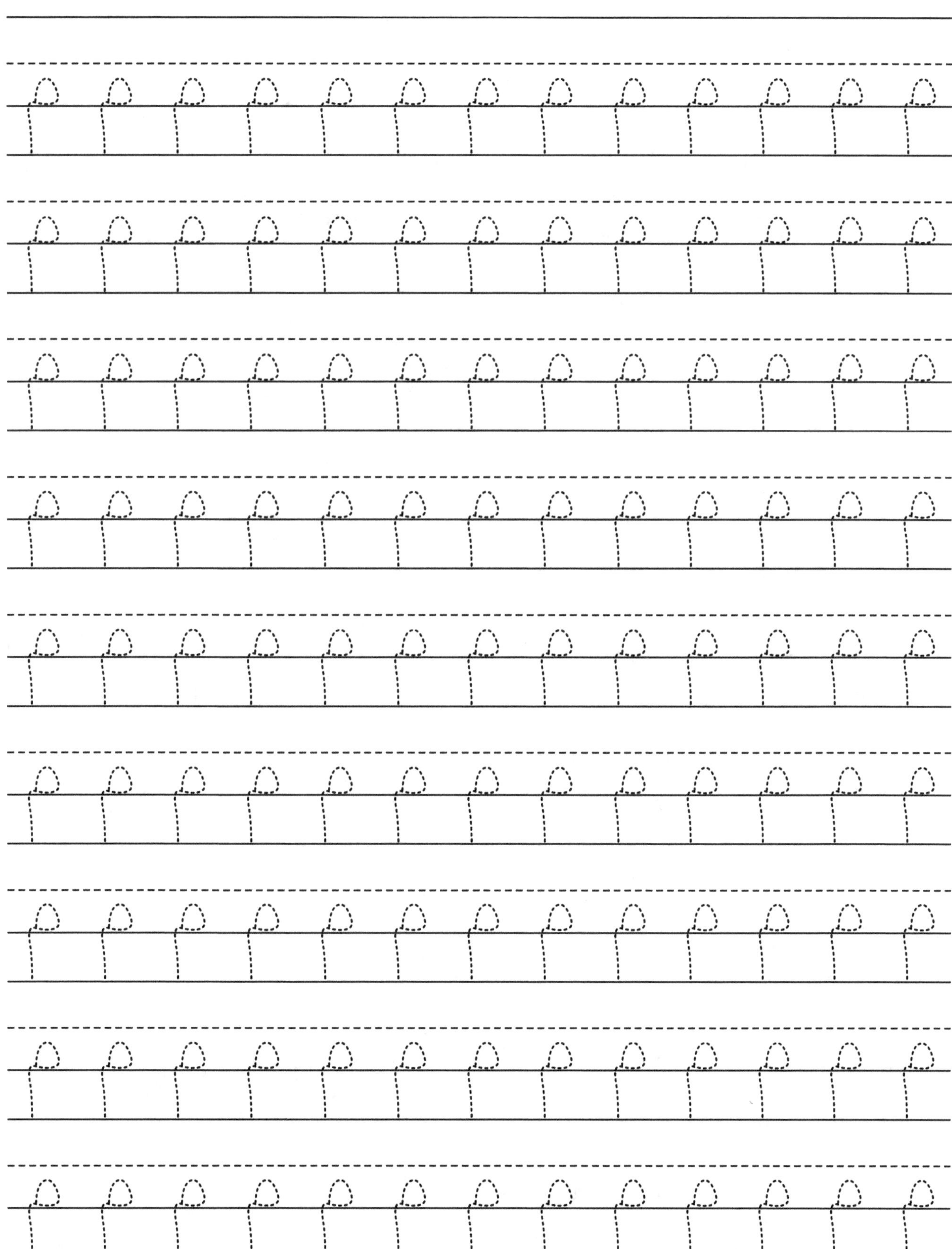

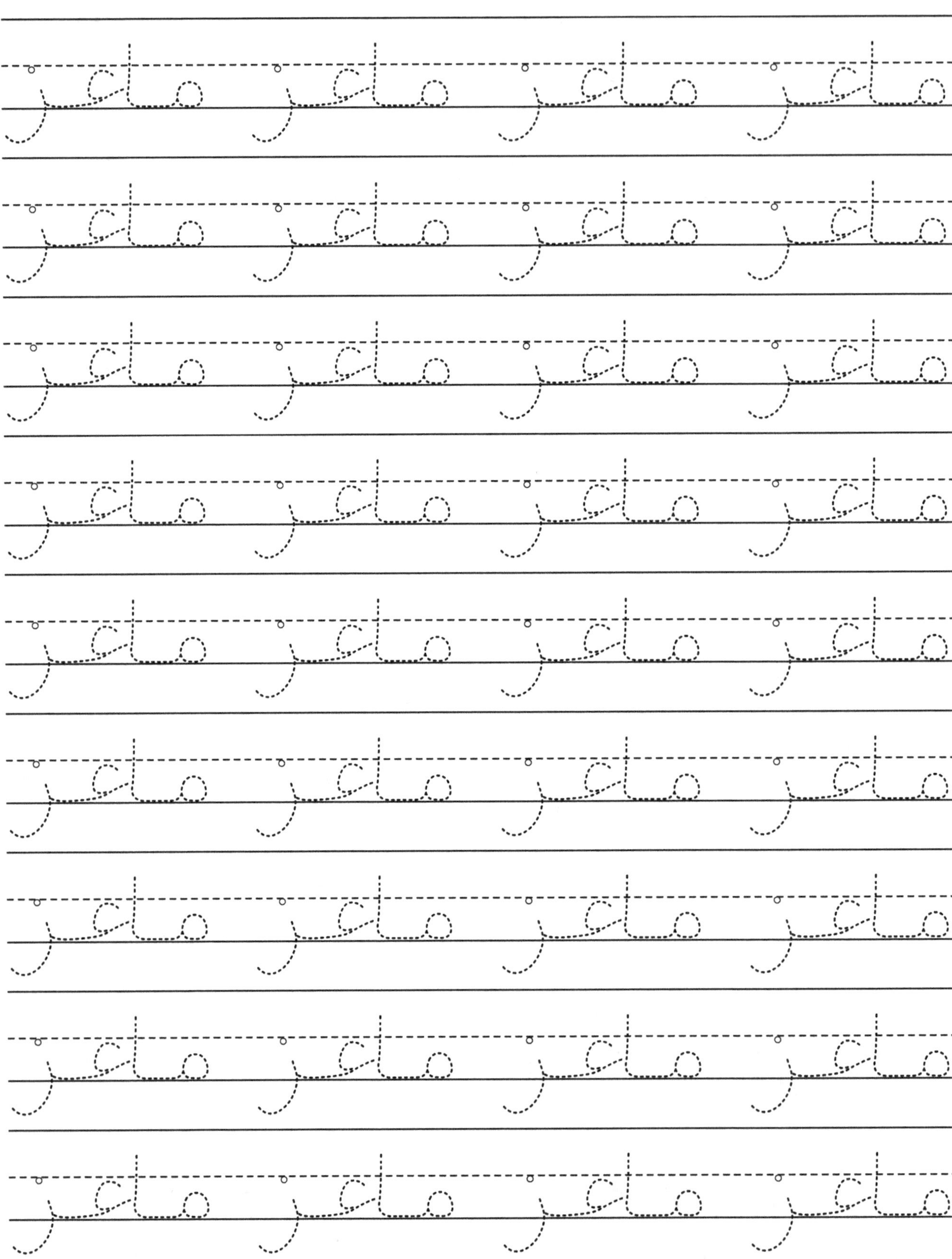

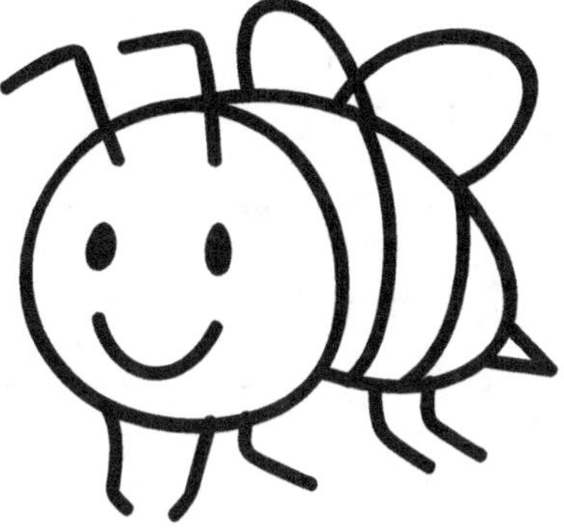

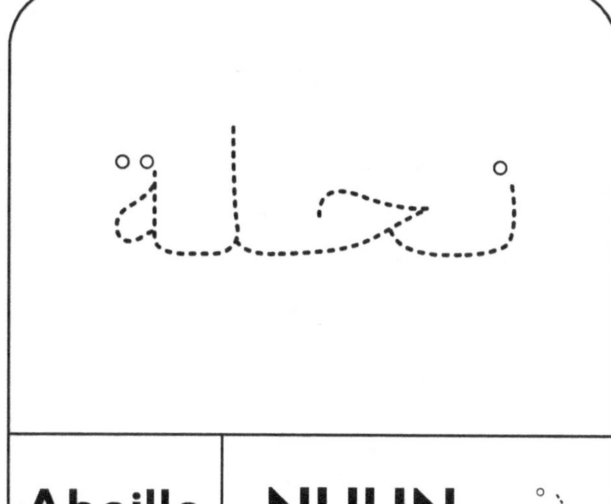

ن ن ن ن ن ن ن ن ن

ن ن ن ن ن ن ن ن ن

ن ن ن ن ن ن ن ن ن

نحلة نحلة نحلة نحلة

نحلة نحلة نحلة نحلة

نحلة نحلة نحلة نحلة

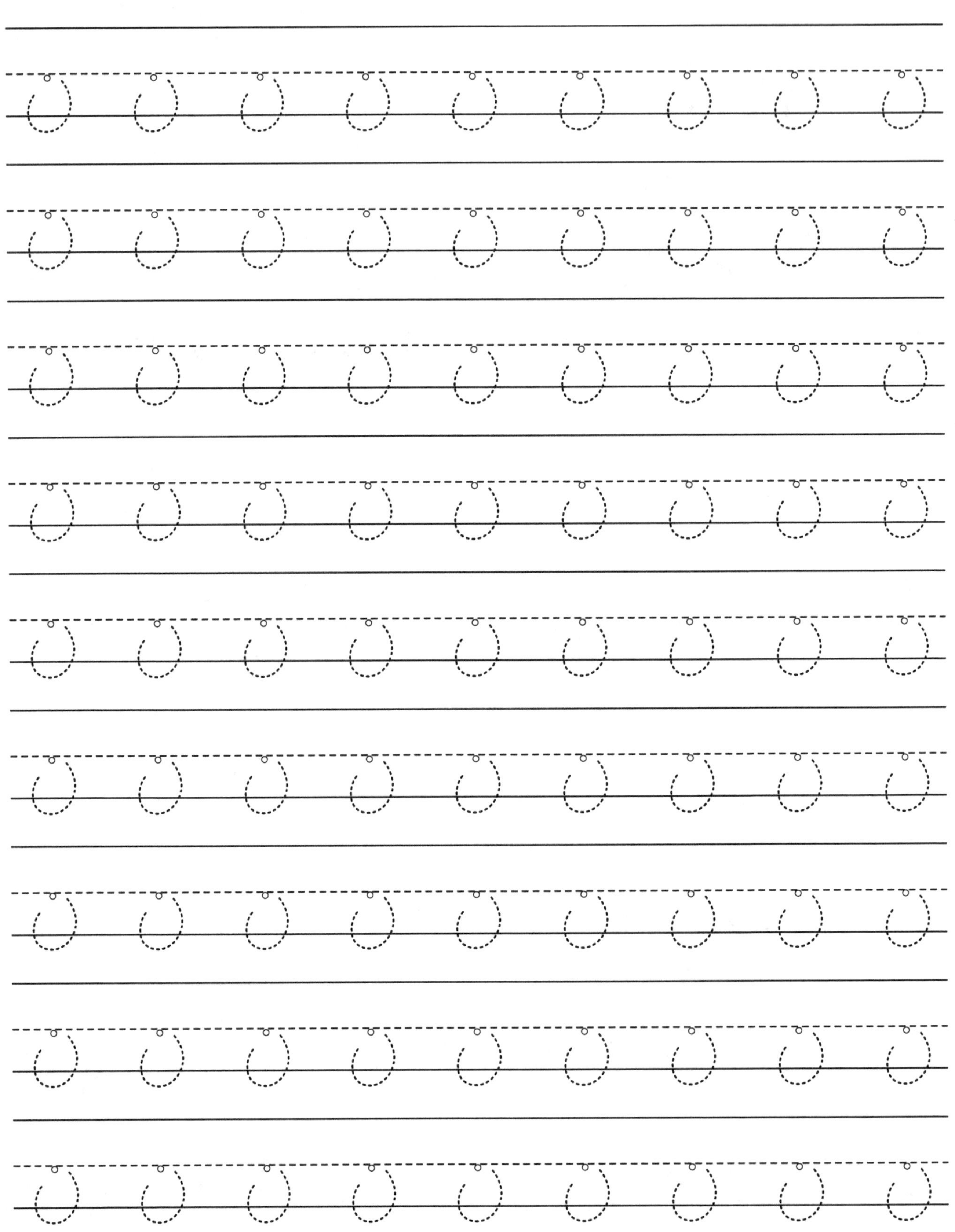

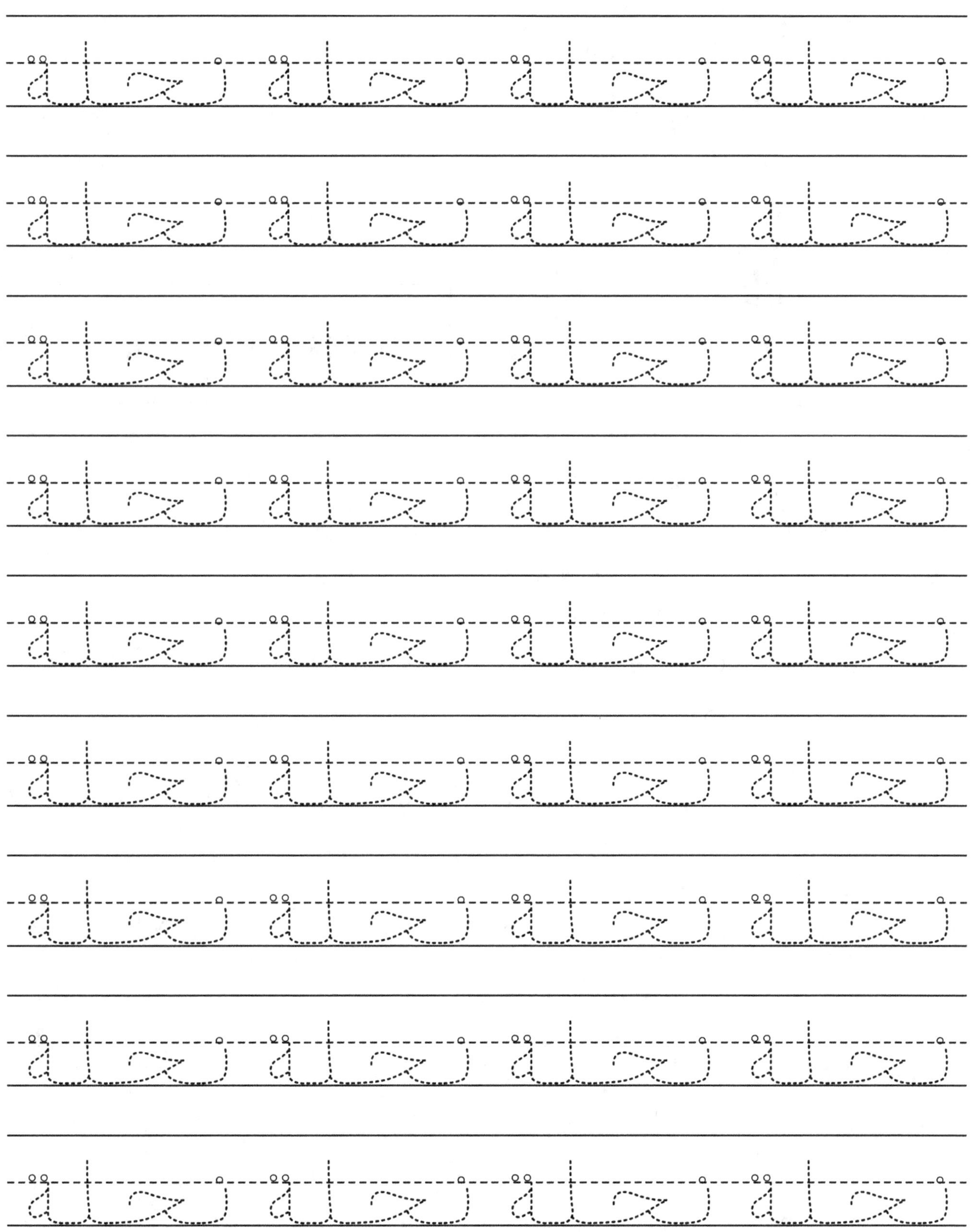

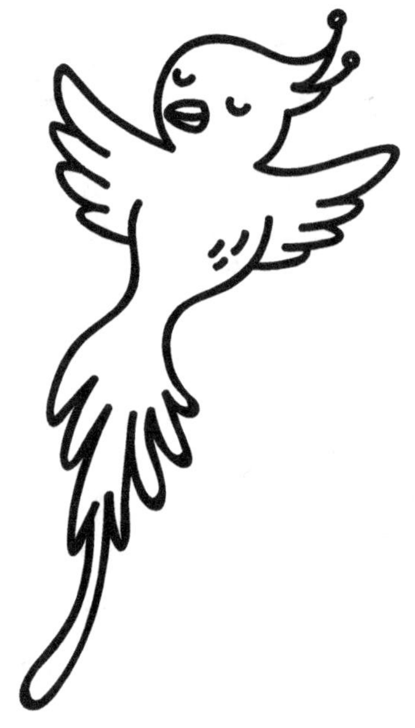

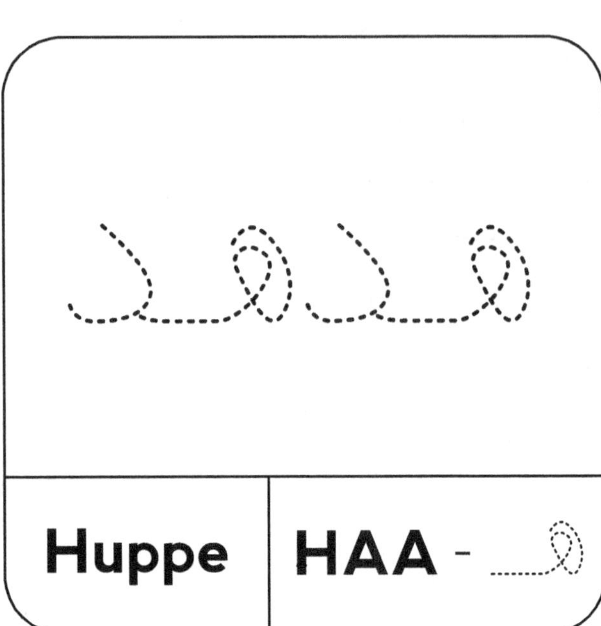

ه ه ه ه ه ه ه ه ه

ه ه ه ه ه ه ه ه ه

ه ه ه ه ه ه ه ه ه

هدهد هدهد هدهد

هدهد هدهد هدهد

هدهد هدهد هدهد

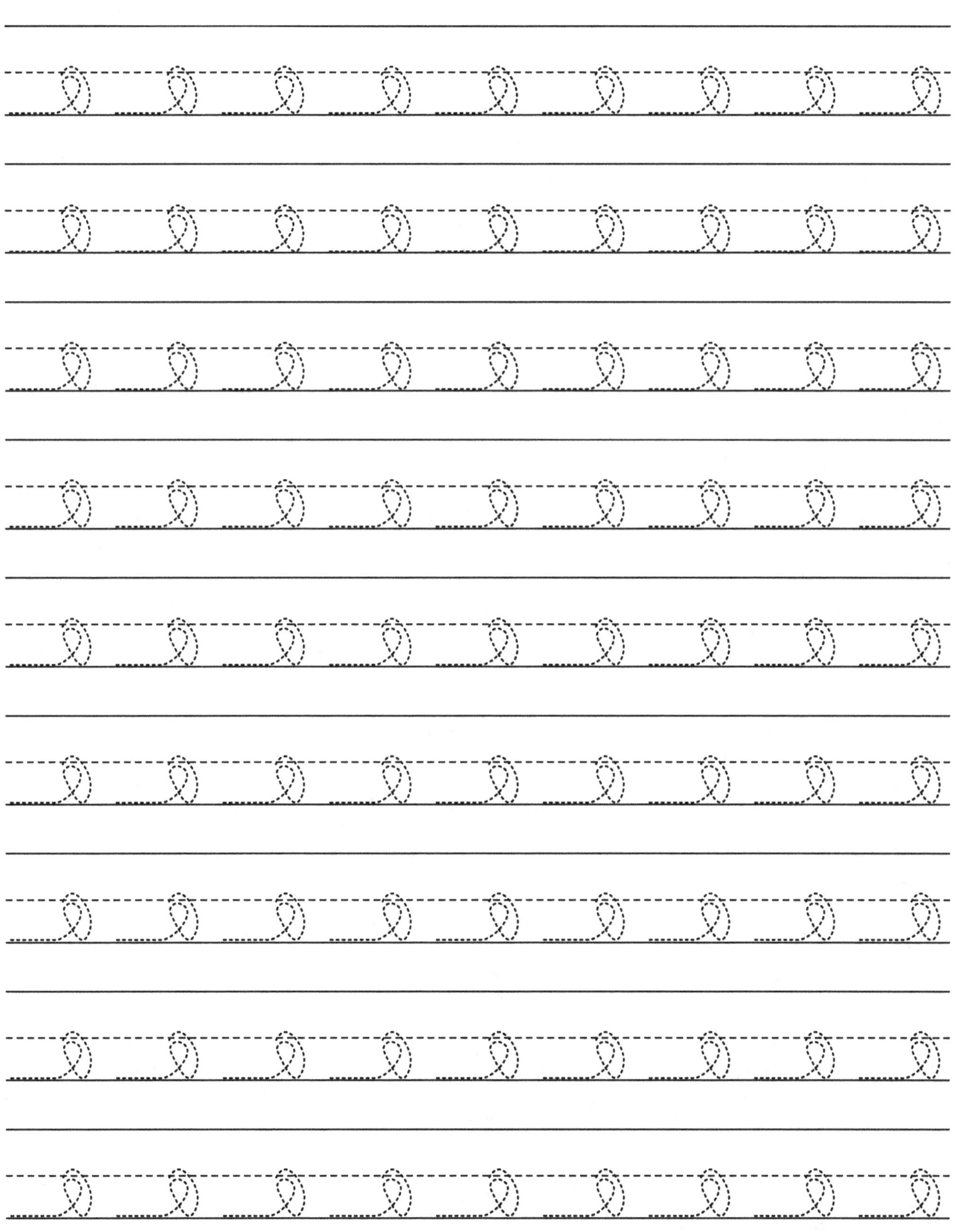

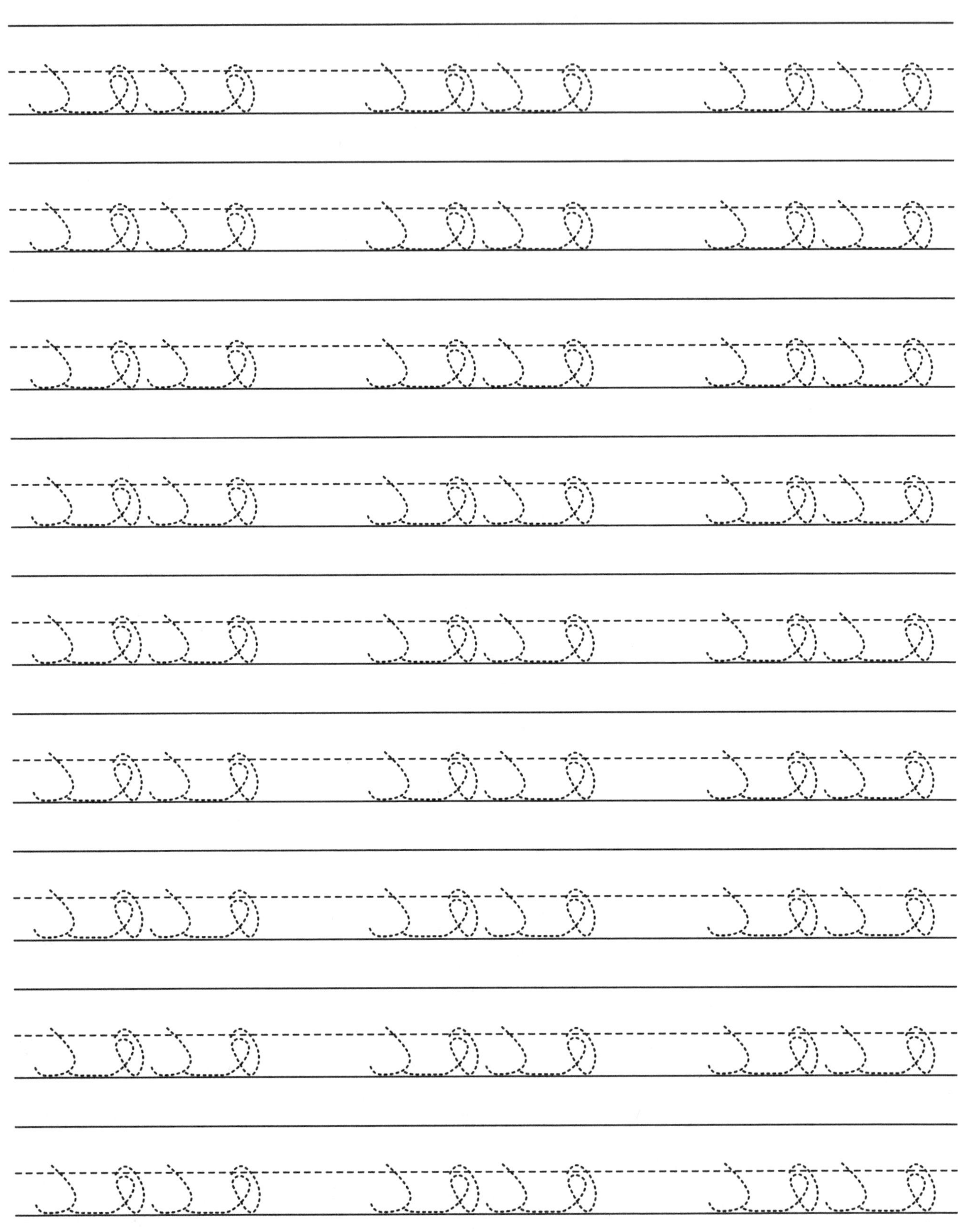

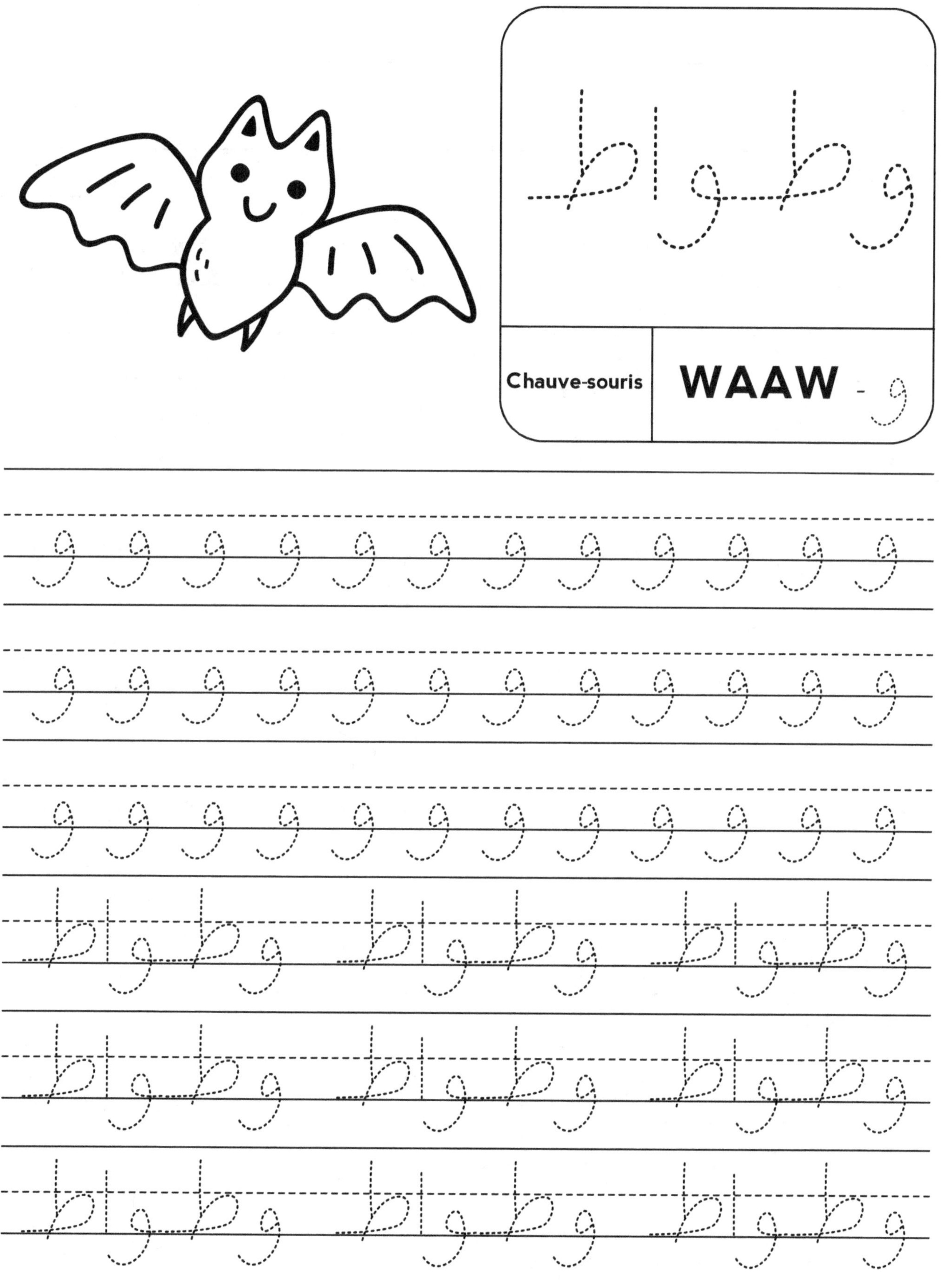
وطواط
Chauve-souris
WAAW - و

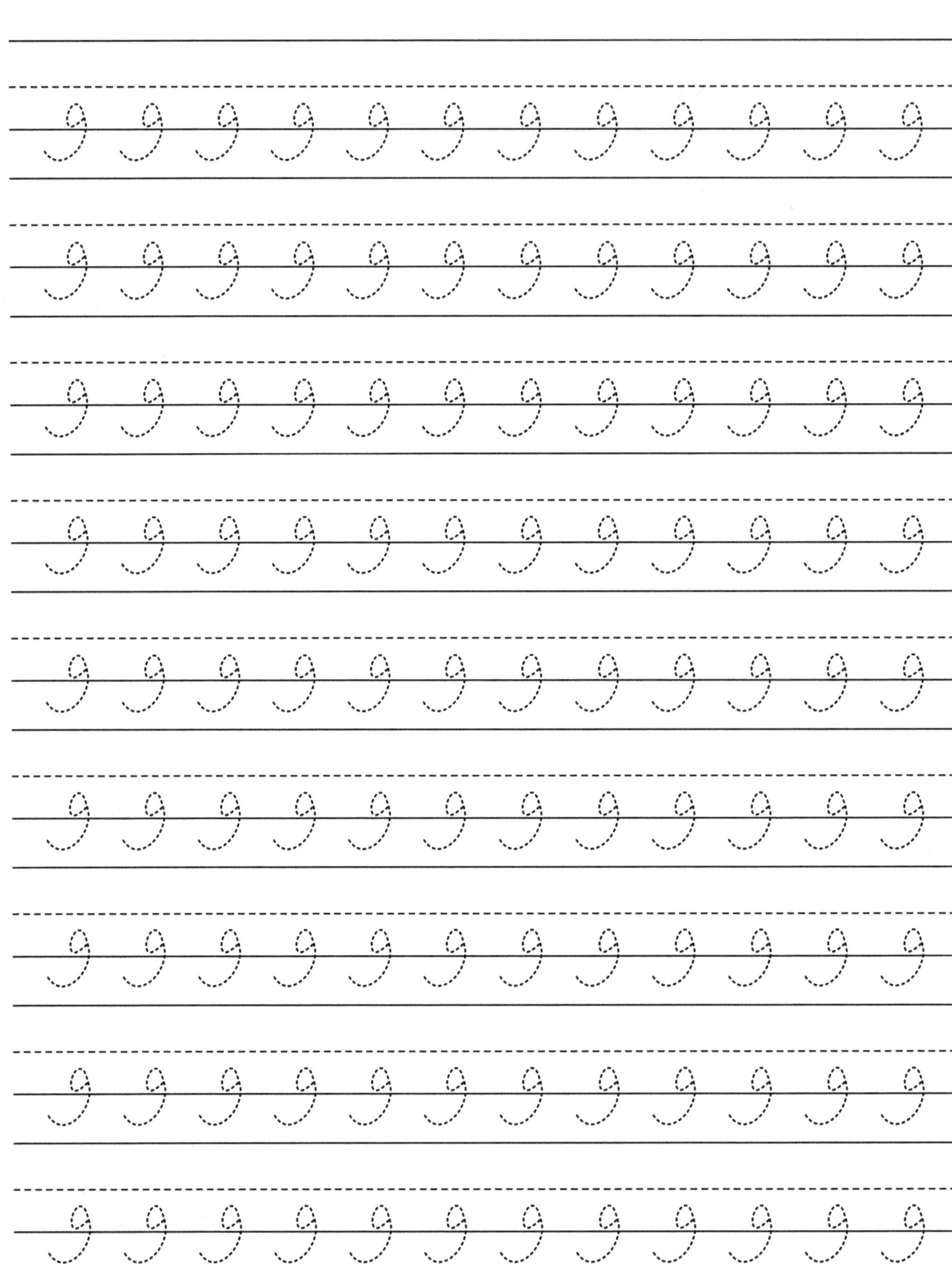

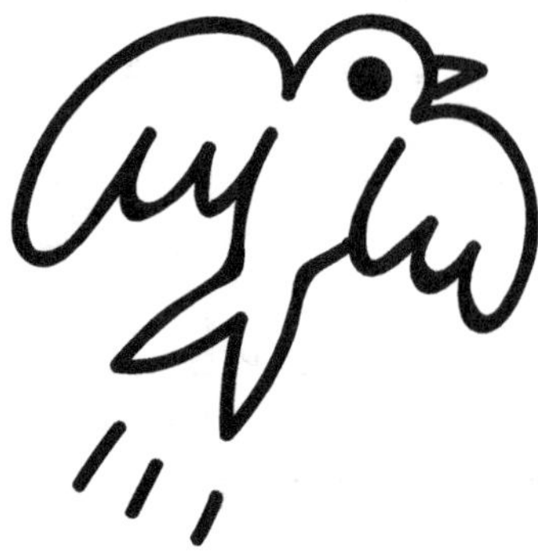

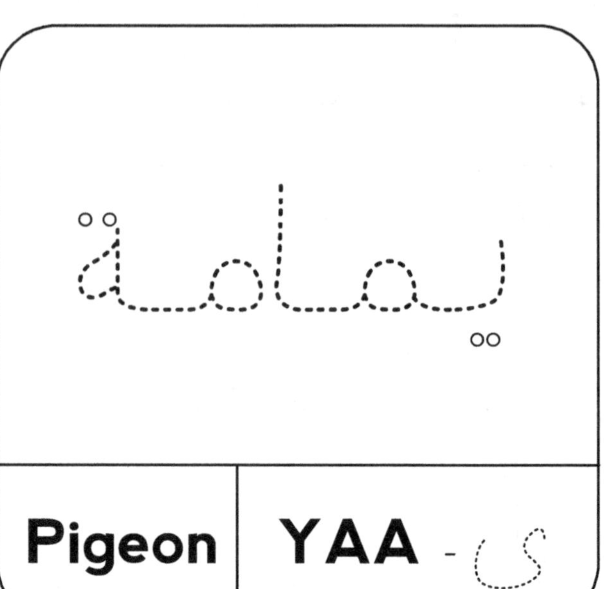
يمامة
Pigeon
YAA - ي

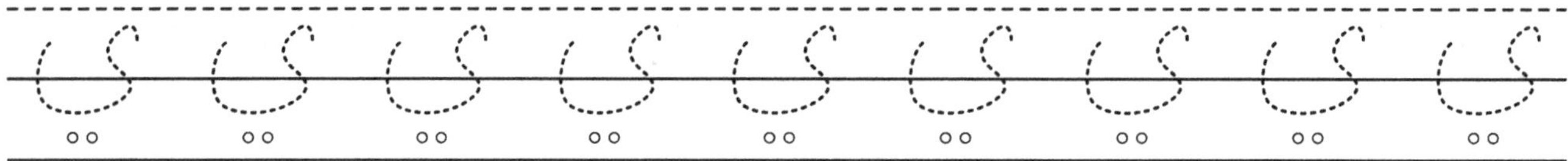

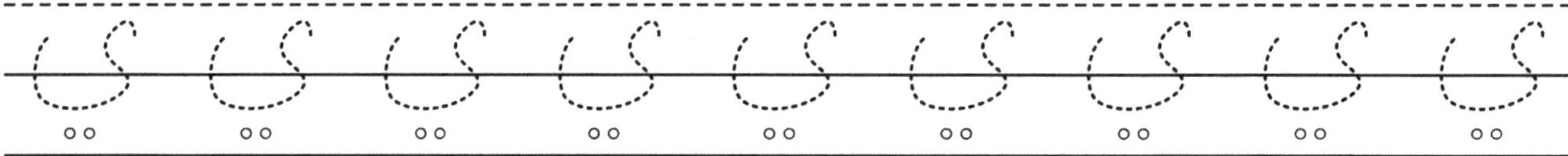

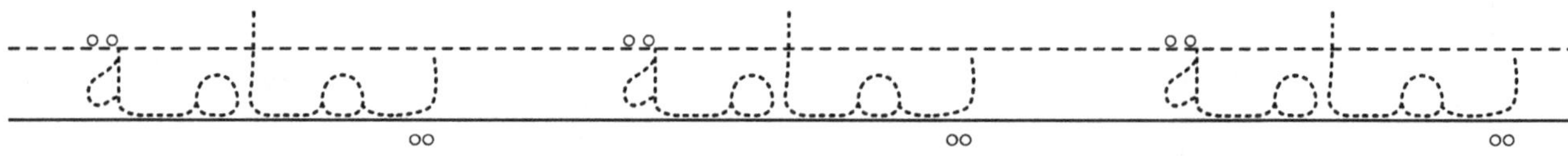

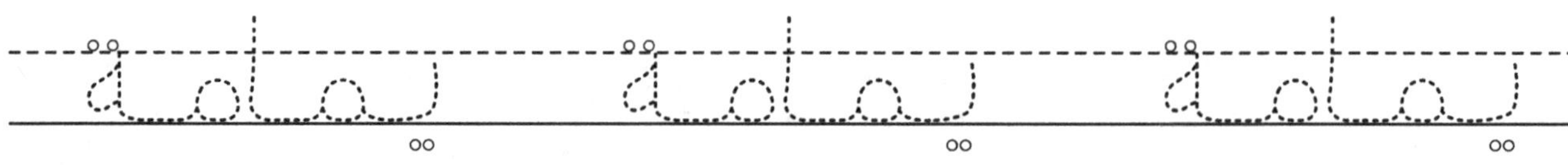

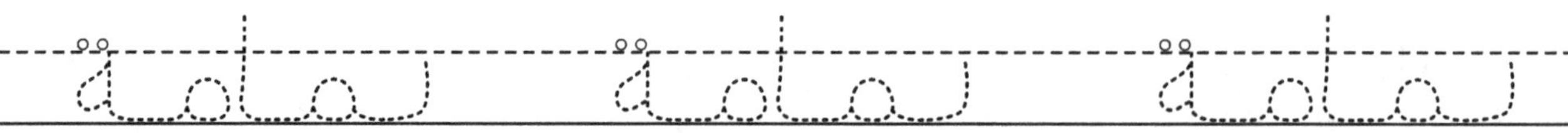

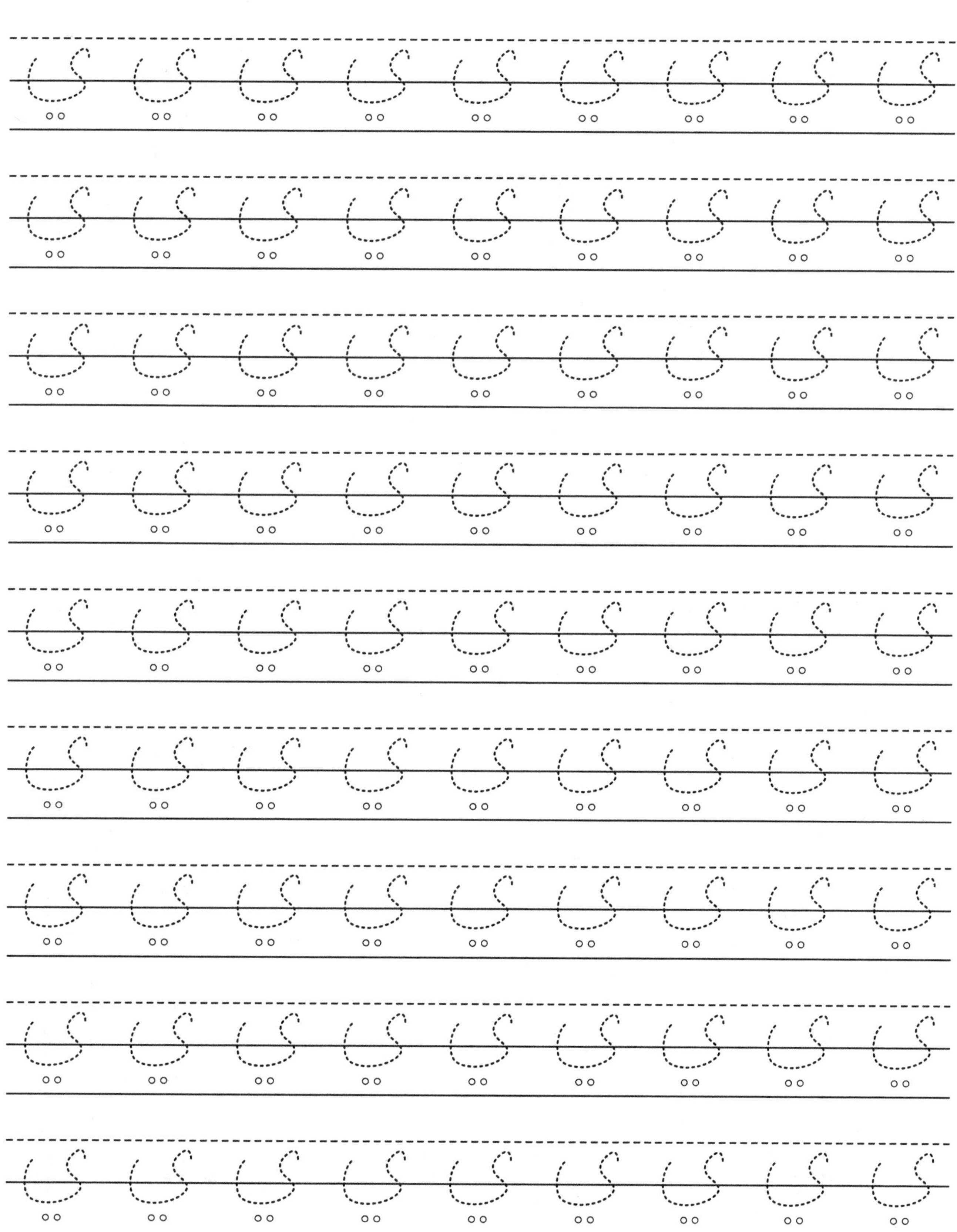

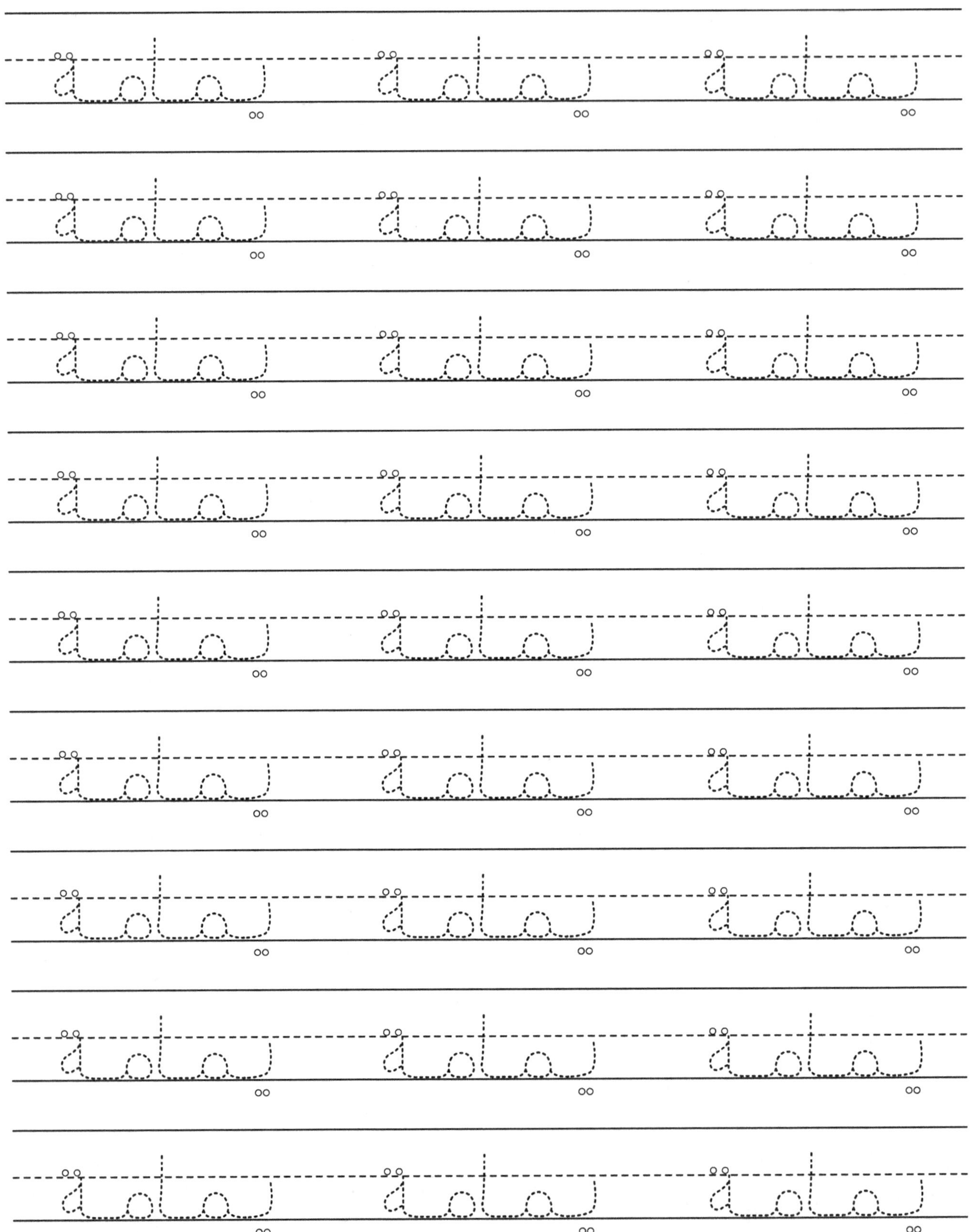

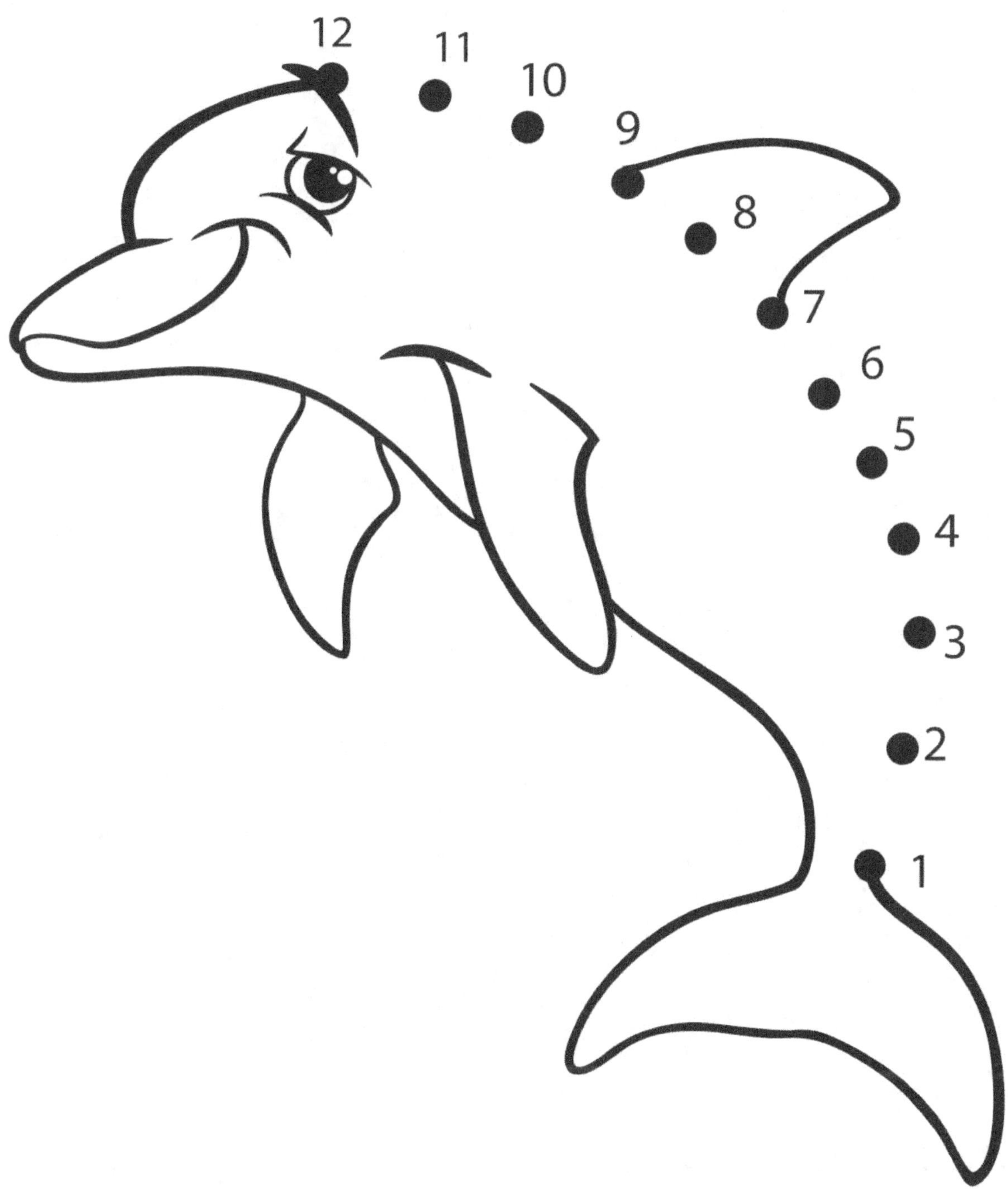
12
11
10
9
8
7
6
5
4
3
2
1

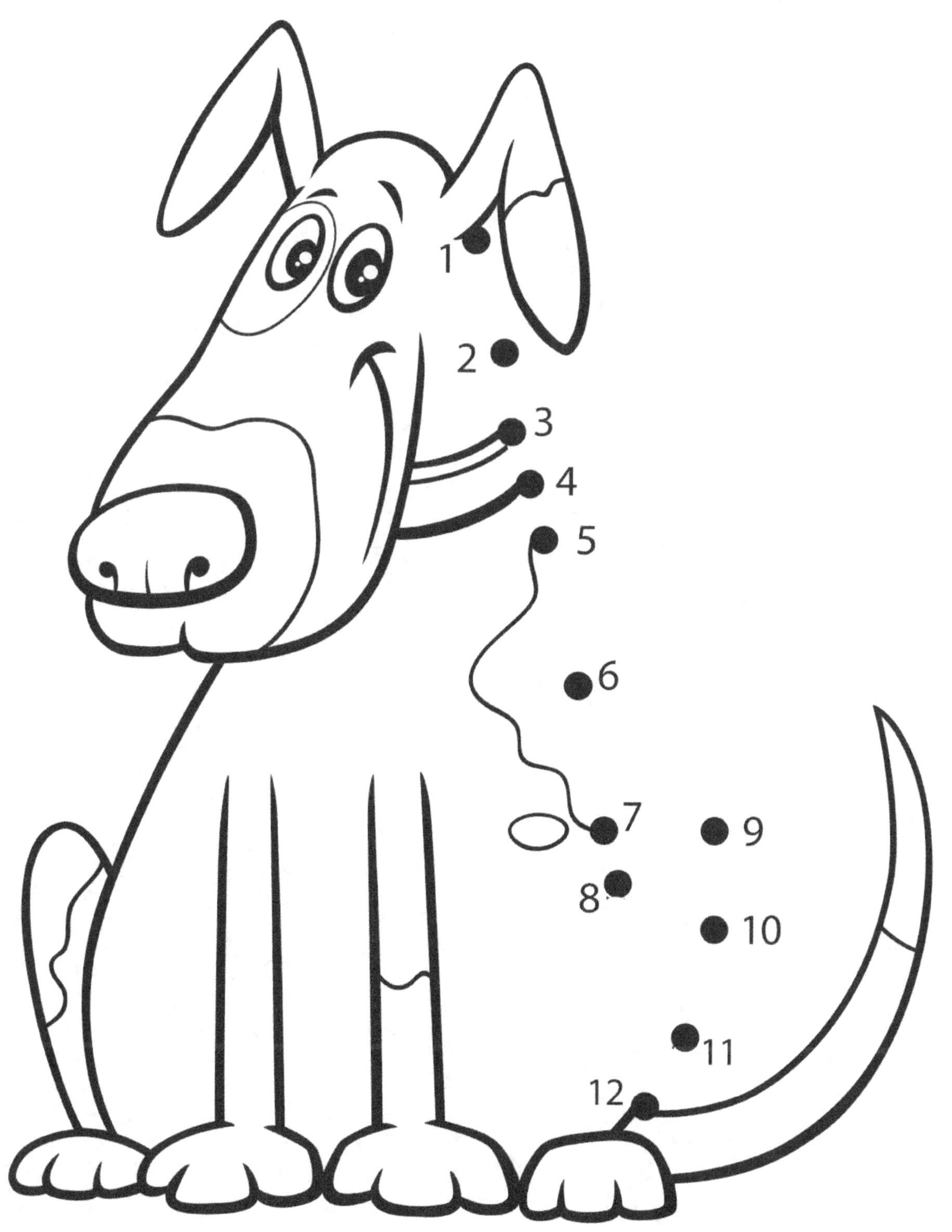
1
2
3
4
5
6
7
8
9
10
11
12

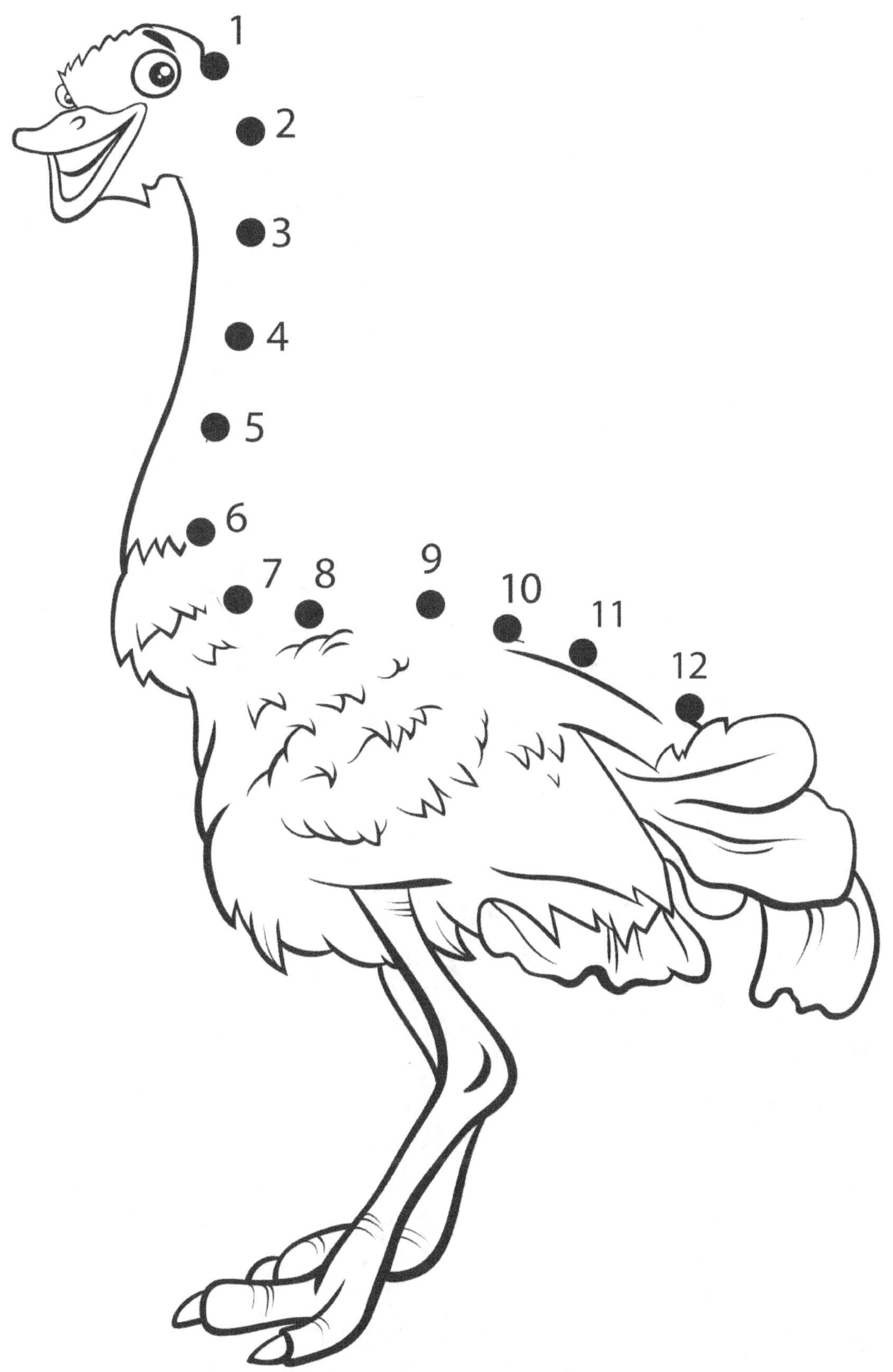
1
2
3
4
5
6
7
8
9
10
11
12

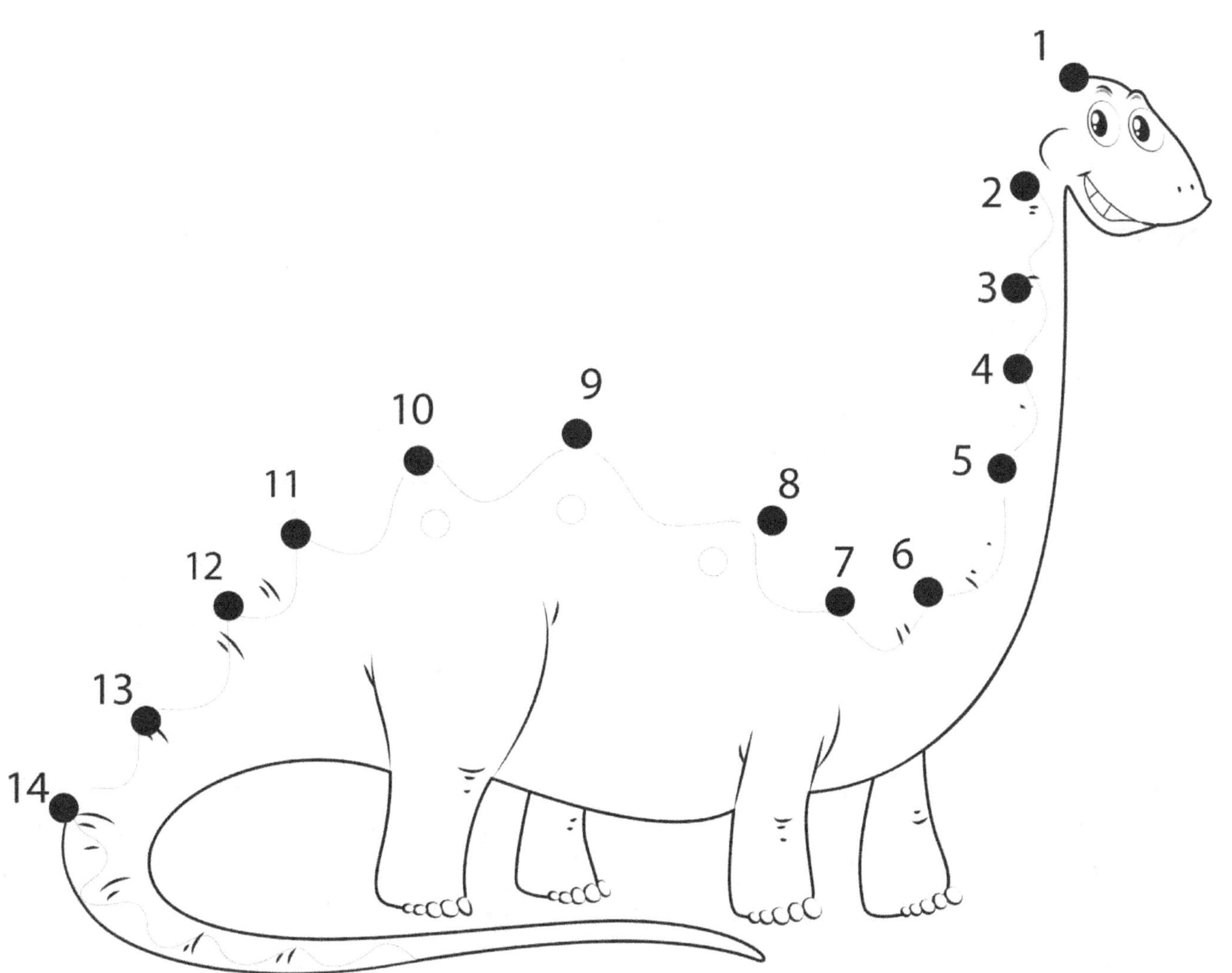
1
2
3
4
5
6
7
8
9
10
11
12
13
14

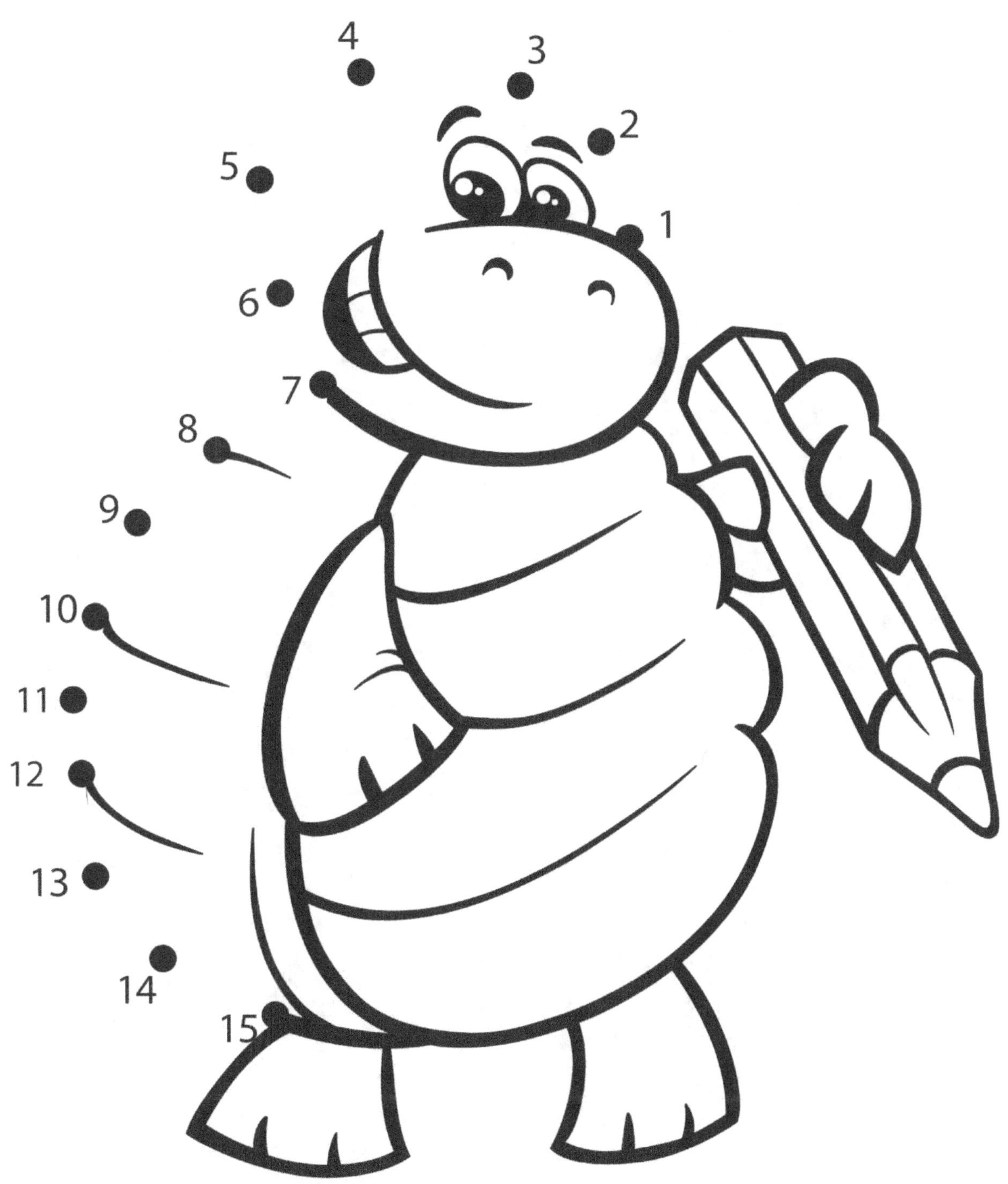
1
2
3
4
5
6
7
8
9
10
11
12
13
14
15

www.ingramcontent.com/pod-product-compliance
Lightning Source LLC
Chambersburg PA
CBHW081354160726
48000CB00010B/3338

* 9 7 9 8 7 0 9 8 3 3 2 7 2 *